PENGUIN PARALLEL TEXTS

FRENCH SHORT STORIES VOLUME 1

FRENCH SHORT STORIES

VOLUME I

NOUVELLES FRANÇAISES

TOME I

Edited by Pamela Lyon

PENGUIN BOOKS

PENGUIN BOOKS

Published by the Penguin Group
Penguin Books Ltd, 80 Strand, London WC2R 0RL, England
Penguin Putnam Inc., 375 Hudson Street, New York, New York 10014, USA
Penguin Books Australia Ltd, 250 Camberwell Road, Camberwell, Victoria 3124, Australia
Penguin Books Canada Ltd, 10 Alcorn Avenue, Toronto, Ontario, Canada M4V 3B2
Penguin Books India (P) Ltd, 11 Community Centre, Panchsheel Park, New Delhi – 110 017, India
Penguin Books (NZ) Ltd, Cnr Rosedale and Airborne Roads, Albany, Auckland, New Zealand
Penguin Books (South Africa) (Pty) Ltd, 24 Sturdee Avenue, Rosebank 2196, South Africa

Penguin Books Ltd, Registered Offices: 80 Strand, London WC2R 0RL, England

www.penguin.com

First published 1966
48

Printed in England by Clays Ltd, St Ives plc
Set in Bembo

ISBN-13: 978-0-140-02385-5

www.greenpenguin.co.uk

CONTENTS

5

CONTENTS

INTRODUCTION

THIS 'parallel text' is mainly for those studying the French language. It offers straightforward translations of eight stories by modern French writers, printed opposite the original texts. There are notes appended to the French, which should help out where a good dictionary and a reasonable knowledge of grammar fail to resolve some difficulty. The English versions have purposely been left uncluttered by references so that the right-hand pages may be read as an ordinary anthology. The intention, then, is to instruct and assist. But these stories were written originally with quite other intentions – to entertain and amuse, induce shivers or tears, above all, to communicate. And this, after all, is what language is about – it is a means of communication between people and peoples. Beyond the hope of providing exercises for the mechanics of the language is the possibility that this collection may spark off, or help to extend, an enthusiasm for present-day French literature.

*

The eight stories in this volume do not provide a representative selection from post-war French writing: at least as seen from this side of the channel. There is the element of personal choice; there is also the question of availability; but the main criterion has been to provide good stories, and not merely stories by good or well-known writers.

In some cases, translations from French being more widely available than from the literature of any other European country, a story has seemed too familiar. This was so for

Sartre and Camus, and also for a writer such as Marguerite Duras whose absence is the more regrettable in that no woman writer is included among the eight. The short-story form does not, apparently, appeal to Nathalie Sarraute or to Simone de Beauvoir. Madame Sarraute's *Tropismes*, only recently translated into English, are more prose sketches than stories, and belong in any case to the middle 1930s.

A more considerable omission is that of Beckett. It may be argued that Beckett is not French: it cannot be said that his work does not belong to the French literary tradition. But Beckett, translated by Beckett, is more than a rendering from one language to another, rather it is a re-creation, a rethinking in terms of language, the immense sophistication of which belongs to a more advanced volume than the present one.

*

It is customary, when discussing literary periods, to use the war as a convenient dividing line, but it is as well to remember that there are always writers whose work continues to develop and evolve, apparently undisturbed by the cataclysm or the aftermath of world war. MARCEL JOUHAN-DEAU's novels reach back to the early 1920s. Largely autobiographical, they have kept pace, within the tiny area of personal experience, with changes during the author's lifetime, while remaining themselves totally unchanged. The story in this volume would be hard to date; in fact, it belongs to a collection published in 1951.

The story by AYMÉ, chronologically the earliest in the book, appeared in 1943. Aymé, the writer, was not unaffected by the war, but the change in his work was not apparent until after the liberation. Unlike the writers who used their work as a medium for active resistance, Aymé continued throughout the war to publish his universal and

timeless fables, of which the story chosen here is a sombre and touching example.

The stories have been arranged in approximate order of difficulty. The range is wide: from the stylized wit of QUENEAU to the beautifully written ambiguities of PHILIPPE SOLLERS. The first story, the simplest in language, is by no means the simplest in technique. No anthology, ranging over the past twenty-five years, could ignore the 'nouveau roman', and ROBBE-GRILLET's *La Plage* is a wholly successful example of this school of writing. (Though even the spokesman for the group cannot avoid metaphor altogether: light is described as 'verticale', but it is also 'violente'.) Technique apart, this is a near-perfect story. The cool precision and intensive repetition of ac-cumulative detail – as effective here as in the novel *Le Voyeur* which precedes it in time, or *La Jalousie* which follows – involve the reader whether he likes it or not.

HENRI THOMAS gives us a gentle, ironic look at war, while the irony of JEAN FERRY's brilliant piece is decidedly chilling. Extraordinarily versatile both as a journalist and a novelist, PIERRE GASCAR explores the world of his child-hood as background to a tale of infidelity. As with Jouhan-deau, this is village, not boulevard, adultery.

Yet the glitter of commercial theatre, and more especially the world of film and television, have had their influence on many of these authors. Gascar has written for television; Aymé's novels have been filmed and he has had great suc-cess in the theatre. Outside France, the film of Queneau's *Zazie dans le Métro* has reached people who never read his poems or his novels. Queneau has also written dialogue and scenarios; Ferry, similarly influenced by the surrealists, now writes little else. Alain Robbe-Grillet has taken the biggest step of all: in collaboration with Alain Resnais – a collabo-ration apparently so close that the divisions of script-writer

and director no longer apply – he was responsible for the controversial *L'Année dernière à Marienbad*. He has since written and directed a number of his own films.

*

The translators have had the difficult task of keeping close to the original texts, while at the same time trying to produce lively and readable versions that remain faithful to the author's style. Where existing translations have been used, I would like to thank the translators concerned for their cooperation in making a number of small changes for the purpose of this publication.   PAMELA LYON

*

Acknowledgements and copyright credits are due to the following publishers: 'The Beach' from *Instantanés* by Alain Robbe-Grillet, © Les Éditions de Minuit, 1962, and John Calder (Publishers) Ltd; 'The Seven-league Boots' from *Across Paris and other Stories* by Marcel Aymé, © Éditions Gallimard, 1943, reprinted by permission of Harper & Row, Publishers, New York, and The Bodley Head Ltd, London; 'The Fashionable Tiger' from *Le Mécanicien* by Jean Ferry, © Éditions Gallimard, 1953; 'The Offensive' from *Histoire de Pierrot* by Henri Thomas, © Éditions Gallimard, 1960; 'Cuckolded, Hanged and Happy' from *Cocu, pendu et content* by Marcel Jouhandeau, © Éditions Gallimard, 1960; 'The Trojan Horse' by Raymond Queneau, by permission of the author and Gaberbocchus Press Ltd; 'The Little Square' is a re-translation of 'La Petite Place' from *Women and the Sun* by Pierre Gascar, published in France under the title *Soleils*, © Éditions Gallimard, 1960 (original English version copyright © 1964 by Little, Brown & Co.), by permission of Atlantic – Little, Brown & Co., André Deutsch Ltd, and Éditions Gallimard; 'The Challenge' by Philippe Sollers, from *Écrire*, © Les Éditions du Seuil, 1958.

THE BEACH

ALAIN ROBBE-GRILLET

Translated by Barbara Wright

LA PLAGE

TROIS enfants marchent le long d'une grève. Ils s'avancent, côte à côte, se tenant par la main. Ils ont sensiblement la même taille, et sans doute aussi le même âge ; une douzaine d'années. Celui du milieu, cependant, est un peu plus petit que les deux autres.

Hormis ces trois enfants, toute la longue plage est déserte. C'est une bande de sable assez large, uniforme, dépourvue de roches isolées comme de trous d'eau, à peine inclinée entre la falaise abrupte, qui paraît sans issue, et la mer.

Il fait très beau. Le soleil éclaire le sable jaune d'une lumière violente, verticale. Il n'y a pas un nuage dans le ciel. Il n'y a pas, non plus, de vent. L'eau est bleue, calme, sans la moindre ondulation venant du large, bien que la plage soit ouverte sur la mer libre[1], jusqu'à l'horizon.

Mais à intervalles réguliers, une vague soudaine, toujours la même, née à quelques mètres du bord, s'enfle brusquement et déferle aussitôt, toujours sur la même ligne. On n'a pas alors l'impression que l'eau avance, puis se retire ; c'est, au contraire, comme si tout ce mouvement s'exécutait sur place. Le gonflement de l'eau produit d'abord une légère dépression, du côté de la grève, et la vague prend un peu de recul, dans un bruissement de graviers roulés ; puis elle éclate et se répand, laiteuse, sur la pente, mais pour regagner seulement le terrain perdu. C'est à peine si une montée plus forte, çà et là, vient mouiller un instant quelques décimètres supplémentaires.

Et tout reste de nouveau immobile, la mer, plate et bleue, exactement arrêtée à la même hauteur sur le sable jaune de la plage, où marchent côte à côte les trois enfants.

*

THE BEACH

THREE children are walking along a beach. They move forward, side by side, holding hands. They are roughly the same height, and probably the same age too: about twelve. The one in the middle, though, is a little smaller than the other two.

Apart from these three children, the whole long beach is deserted. It is a fairly wide, even strip of sand, with neither isolated rocks nor pools, and with only the slightest downward slope between the steep cliff, which looks impassable, and the sea.

It is a very fine day. The sun illuminates the yellow sand with a violent, vertical light. There is not a cloud in the sky. Neither is there any wind. The water is blue and calm, without the faintest swell from the open sea, although the beach is completely exposed as far as the horizon.

But, at regular intervals, a sudden wave, always the same, originating a few yards away from the shore, suddenly rises and then immediately breaks, always in the same line. And one does not have the impression that the water is flowing and then ebbing; on the contrary, it is as if the whole movement were being accomplished in the same place. The swelling of the water at first produces a slight depression on the shore side, and the wave recedes a little, with a murmur of rolling gravel; then it bursts, and spreads milkily over the slope, but it is merely regaining the ground it has lost. It is only very occasionally that it rises slightly higher and for a moment moistens a few extra inches.

And everything becomes still again; the sea, smooth and blue, stops at exactly the same level on the yellow sand along the beach where, side by side, the three children are walking.

*

Ils sont blonds, presque de la même couleur que le sable : la peau un peu plus foncée, les cheveux un peu plus clairs. Ils sont habillés tous les trois de la même façon, culotte courte et chemisette, l'une et l'autre en grosse toile d'un bleu délavé. Ils marchent côte à côte, se tenant par la main, en ligne droite, parallèlement à la mer et parallèlement à la falaise, presque à égale distance des deux, un peu plus près de l'eau pourtant. Le soleil, au zénith, ne laisse pas d'ombre à leur pied.

Devant eux le sable est tout à fait vierge, jaune et lisse depuis le rocher jusqu'à l'eau. Les enfants s'avancent en ligne droite, à une vitesse régulière, sans faire le plus petit crochet, calmes et se tenant par la main. Derrière eux le sable, à peine humide, est marqué des trois lignes d'empreintes laissées par leurs pieds nus, trois successions régulières d'empreintes semblables et pareillement espacées, bien creuses, sans bavures.

Les enfants regardent droit devant eux. Ils n'ont pas un coup d'œil vers la haute falaise, sur leur gauche, ni vers la mer dont les petites vagues éclatent périodiquement, sur l'autre côté. A plus forte raison ne se retournent-ils pas, pour contempler derrière eux la distance parcourue. Ils poursuivent leur chemin, d'un pas égal et rapide.

*

Devant eux, une troupe d'oiseaux de mer arpente le rivage, juste à la limite des vagues. Ils progressent parallèlement à la marche des enfants, dans le même sens que ceux-ci, à une centaine de mètres environ. Mais, comme les oiseaux vont beaucoup moins vite, les enfants se rapprochent d'eux. Et tandis que la mer efface au fur et à mesure les traces des pattes étoilées, les pas des enfants demeurent inscrits avec netteté dans le sable à peine humide, où les trois lignes d'empreintes continuent de s'allonger.

They are blond, almost the same colour as the sand: their skin is a little darker, their hair a little lighter. They are all three dressed alike; shorts and shirt, both of a coarse, faded blue linen. They are walking side by side, holding hands, in a straight line, parallel to the sea and parallel to the cliff, almost equidistant from both, a little nearer the water, though. The sun is at the zenith, and leaves no shadow at their feet.

In front of them is virgin sand, yellow and smooth from the rock to the water. The children move forward in a straight line, at an even speed, without making the slightest little detour, calm, holding hands. Behind them the sand, barely moist, is marked by the three lines of prints left by their bare feet, three even series of similar and equally spaced footprints, quite deep, unblemished.

The children are looking straight ahead. They don't so much as glance at the tall cliff, on their left, or at the sea, whose little waves are periodically breaking, on the other side. They are even less inclined to turn round and look back at the distance they have come. They continue on their way with even, rapid steps.

*

In front of them is a flock of sea-birds walking along the shore, just at the edge of the waves. They are moving parallel to the children, in the same direction, about a hundred yards away from them. But, as the birds are going much less quickly, the children are catching them up. And while the sea is continually obliterating the traces of their star-shaped feet, the children's footsteps remain clearly inscribed in the barely moist sand, where the three lines of prints continue to lengthen.

La profondeur de ces empreintes est constante : à peu près deux centimètres. Elles ne sont déformées ni par l'effondrement des bords ni par un trop grand enfoncement du talon, ou de la pointe. Elles ont l'air découpées à l'emporte-pièce dans une couche superficielle, plus meuble, du terrain.

Leur triple ligne ainsi se développe, toujours plus loin, et semble en même temps s'amenuiser, se ralentir, se fondre en un seul trait, qui sépare la grève en deux bandes, sur toute sa longueur, et qui se termine à un menu mouvement mécanique, là-bas, exécuté comme sur place[2] : la descente et la remontée alternative de six pieds nus.

Cependant à mesure que les pieds nus s'éloignent, ils se rapprochent des oiseaux. Non seulement ils gagnent rapidement du terrain, mais la distance relative qui sépare les deux groupes diminue encore beaucoup plus vite, comparée au chemin déjà parcourue. Il n'y a bientôt plus que quelques pas entre eux...

Mais, lorsque les enfants paraissent enfin sur le point d'atteindre les oiseaux, ceux-ci tout à coup battent des ailes et s'envolent, l'un d'abord, puis deux, puis dix... Et toute la troupe, blanche et grise, décrit une courbe au-dessus de la mer pour venir se reposer sur le sable et se remettre à l'arpenter, toujours dans le même sens, juste à la limite des vagues, à une centaine de mètres environ.

A cette distance, les mouvements de l'eau sont quasi imperceptibles, si ce n'est par un changement soudain de couleur, toutes les dix secondes, au moment où l'écume éclatante brille au soleil.

*

Sans s'occuper des traces qu'ils continuent de découper, avec précision, dans le sable vierge, ni des petites vagues sur leur droite, ni des oiseaux, tantôt volant, tantôt marchant,

The depth of these prints is constant; just less than an inch. They are not deformed; either by a crumbling of the edges, or by too deep an impression of toe or heel. They look as if they have been mechanically punched out of a more mobile, surface-layer of ground.

Their triple line extends thus ever farther, and seems at the same time to narrow, to become slower, to merge into a single line, which divides the shore into two strips along the whole of its length, and ends in a minute mechanical movement at the far end: the alternate fall and rise of six bare feet, almost as if they are marking time.

But as the bare feet move farther away, they get nearer to the birds. Not only are they covering the ground rapidly, but the relative distance separating the two groups is also diminishing far more quickly, compared to the distance already covered. There are soon only a few paces between them. . . .

But when the children finally seem just about to catch up with the birds, they suddenly flap their wings and fly off, first one, then two, then ten. . . . And all the white and grey birds in the flock describe a curve over the sea and then come down again on to the sand and start walking again, still in the same direction, just at the edge of the waves, about a hundred yards away.

At this distance, the movements of the water are almost imperceptible, except perhaps through a sudden change of colour, every ten seconds, at the moment when the breaking foam shines in the sun.

*

Taking no notice of the tracks they are carving so precisely in the virgin sand, nor of the little waves on their right, nor of the birds, now flying, now walking, in front

qui les précèdent, les enfants blonds s'avancent côte à côte, d'un pas égal et rapide, se tenant par la main.

Leurs trois visages hâlés, plus foncés que les cheveux, se ressemblent. L'expression en est la même : sérieuse, réfléchie, préoccupée peut-être. Leurs traits aussi sont identiques, bien que, visiblement, deux de ces enfants sont des garçons et le troisième une fille. Les cheveux de la fille sont seulement un peu plus longs, un peu plus bouclés, et ses membres à peine un peu plus graciles. Mais le costume est tout à fait le même : culotte courte et chemisette, l'une et l'autre en grosse toile d'un bleu délavé.

La fille se trouve à l'extrême droite, du côté de la mer. A sa gauche, marche celui des deux garçons qui est légèrement plus petit. L'autre garçon, le plus proche de la falaise, a la même taille que la fille.

Devant eux s'étend le sable jaune et uni, à perte de vue. Sur leur gauche se dresse la paroi de pierre brune, presque verticale, où aucune issue n'apparaît. Sur leur droite, immobile et bleue depuis l'horizon, la surface plate de l'eau est bordée d'un ourlet[3] subit, qui éclate aussitôt pour se répandre en mousse blanche.

*

Puis, dix secondes plus tard, l'onde qui se gonfle creuse à nouveau la même dépression, du côté de la plage, dans un bruissement de graviers roulés.

La vaguelette déferle ; l'écume laiteuse gravit à nouveau la pente, regagnant les quelques décimètres de terrain perdu. Pendant le silence qui suit, de très lointains coups de cloche résonnent dans l'air calme.

« Voilà la cloche », dit le plus petit des garçons, celui qui marche au milieu.

Mais le bruit des graviers que la mer aspire couvre le trop faible tintement. Il faut attendre la fin du cycle pour per-

of them, the three blond children move forward side by side, with even, rapid steps, holding hands.

Their three sunburnt faces, darker than their hair, are alike. The expression is the same: serious, thoughtful, perhaps a little anxious. Their features, too, are identical, though it is obvious that two of these children are boys and the third a girl. The girl's hair is only slightly longer, slightly more curly, and her limbs just a trifle more slender. But their clothes are exactly the same: shorts and shirt, both of coarse, faded blue linen.

The girl is on the extreme right, nearest the sea. On her left walks the boy who is slightly the smaller of the two. The other boy, nearest the cliff, is the same height as the girl.

In front of them the smooth, yellow sand stretches as far as the eye can see. On their left rises, almost vertically, the wall of brown stone, with no apparent way through it. On their right, motionless and blue all the way to the horizon, the level surface of the sea is fringed with a sudden little wave, which immediately breaks and runs away in white foam.

*

Then, ten seconds later, the swelling water again hollows out the same depression on the shore side, with a murmur of rolling gravel.

The wavelet breaks; the milky foam again runs up the slope, regaining the few inches of lost ground. During the ensuing silence, the chimes of a far distant bell ring out in the calm air.

'There's the bell,' says the smaller of the boys, the one walking in the middle.

But the sound of the gravel being sucked up by the sea drowns the extremely faint ringing. They have to wait till

cevoir à nouveau quelques sons, déformés par la distance.

« C'est la première cloche », dit le plus grand.

La vaguelette déferle, sur leur droite.

Quand le calme est revenu, ils n'entendent plus rien. Les trois enfants blonds marchent toujours à la même cadence régulière, se tenant tous les trois par la main. Devant eux, la troupe d'oiseaux qui n'était plus qu'à quelques enjambées, gagnée par une brusque contagion, bat des ailes et prend son vol.

Ils décrivent la même courbe au-dessus de l'eau, pour venir se reposer sur le sable et se remettre à l'arpenter, toujours dans le même sens, juste à la limite des vagues, à une centaine de mètres environ.

*

« C'est peut-être pas la première, reprend le plus petit, si on n'a pas entendu l'autre, avant...

— On l'aurait entendue pareil », répond son voisin.

Mais ils n'ont pas, pour cela, modifié leur allure ; et les mêmes empreintes, derrière eux, continuent de naître, au fur et à mesure, sous leurs six pieds nus.

« Tout à l'heure, on n'était pas si près », dit la fille.

Au bout d'un moment, le plus grand des garçons, celui qui se trouve du côté de la falaise, dit :

« On est encore loin. »

Et ils marchent ensuite en silence tous les trois.

Ils se taisent ainsi jusqu'à ce que la cloche, toujours aussi peu distincte, résonne à nouveau dans l'air calme. Le plus grand des garçons dit alors : « Voilà la cloche. » Les autres ne répondent pas.

Les oiseaux qu'ils étaient sur le point de rattraper, battent des ailes et s'envolent, l'un d'abord, puis deux, puis dix...

Puis toute la troupe est de nouveau posée sur le sable, pro-

the end of the cycle to catch the few remaining sounds, which are distorted by the distance.

'It's the first bell,' says the bigger boy.

The wavelet breaks, on their right.

When it is calm again, they can no longer hear anything. The three blond children are still walking in the same regular rhythm, all three holding hands. In front of them, a sudden contagion affects the flock of birds, who were only a few paces away; they flap their wings and fly off.

They describe the same curve over the water, and then come down on to the sand and start walking again, still in the same direction, just at the edge of the waves, about a hundred yards away.

*

'Maybe it wasn't the first,' the smaller boy continues, 'if we didn't hear the other, before . . . '

'We'd have heard it the same,' replies the boy next to him.

But this hasn't made them modify their pace; and the same prints, behind them, continue to appear, as they go along, under their six bare feet.

'We weren't so close, before,' says the girl.

After a moment, the bigger of the boys, the one on the cliff side, says:

'We're still a long way off.'

And then all three walk on in silence.

They remain thus silent until the bell, still as indistinct, again rings out in the calm air. The bigger of the boys says then: 'There's the bell.' The others don't answer.

The birds, which they had been on the point of catching up, flap their wings and fly off, first one, then two, then ten. . . .

Then the whole flock is once more on the sand, moving

gressant le long du rivage à cent metres environ devant les enfants.

La mer efface à mesure les traces étoilées de leurs pattes. Les enfants, au contraire, qui marchent plus près de la falaise, côte à côte, se tenant par la main, laissent derrière eux de profondes empreintes, dont la triple ligne s'allonge parallèlement aux bords, à travers la très longue grève.

Sur la droite, du côté de l'eau immobile et plate, déferle, toujours à la même place, la même petite vague.

along the shore, about a hundred yards in front of the children.

The sea is continually obliterating the star-shaped traces of their feet. The children, on the other hand, who are walking nearer to the cliff, side by side, holding hands, leave deep footprints behind them, whose triple line lengthens parallel to the shore across the very long beach.

On the right, on the side of the level, motionless sea, always in the same place, the same little wave is breaking.

THE SEVEN-LEAGUE BOOTS

MARCEL AYMÉ

Translated by Norman Denny

GERMAINE BUGE quitta l'appartement de Mlle Larrisson, où elle venait de faire deux heures de 'ménage à fond', sous le regard critique de la vieille fille. Il était quatre heures de décembre et depuis deux jours, il gelait. Son manteau la protégeait mal. Il était d'une étoffe mince, laine et coton, mais l'usure l'avait réduit à n'être plus guère qu'une apparence. La bise d'hiver le traversait comme un grillage en fil de fer. Peut-être même traversait-il Germaine qui semblait n'avoir pas beaucoup plus d'épaisseur ni de réalité que son manteau. C'était une ombre frêle, au petit visage étroit tout en soucis, un de ces êtres dont la misère et l'effacement ressemblent à une charité du destin, comme s'ils ne pouvaient subsister qu'en raison du peu de prise qu'ils donnent à la vie. Dans la rue, les hommes ne la voyaient pas, et rarement les femmes. Les commerçants ne retenaient pas son nom et les gens qui l'employaient étaient à peu près seuls à la connaître.

Germaine se hâta dans la montée de la rue Lamarck. En arrivant au coin de la rue du Mont-Cenis, elle rencontra quelques écoliers qui dévalaient la pente en courant. Mais la sortie ne faisait que commencer. Devant l'école, au pied du grand escalier de pierre qui escalade la colline Montmartre, les enfants délivrés formaient une troupe bruyante et encore compacte. Germaine se posta au coin de la rue Paul-Féval et chercha Antoine du regard. En quelques minutes, les écoliers se furent éparpillés et répandus dans les rues et elle s'inquiéta de ne pas voir son fils. Bientôt, il ne resta plus devant l'école qu'un groupe d'une demi-douzaine d'enfants qui parlaient sport. Ayant à se rendre dans des directions différentes, ils

THE SEVEN-LEAGUE BOOTS

GERMAINE BUGE left Mlle Larrisson's apartment after doing two hours' 'thorough cleaning' under the old maid's critical eye. It was four o'clock of a December afternoon, and the temperature had been below freezing-point for two days. Her coat did little to protect her. It was of thin material, a mixture of wool and cotton, and so worn as to be scarcely more than the appearance of a coat. The winter wind blew through it as through a wire grill. Perhaps it also blew through Germaine, who seemed to have not much more substance or reality than the coat itself. She was a frail shadow of a woman with a small, narrow, harassed face, one of those beings whose poverty and unobtrusiveness seem to bear witness to an act of charity on the part of Providence, as though they lived only by reason of the slightness of life's hold upon them. Men did not notice her as they passed her in the street, women very rarely. Shopkeepers did not remember her name, and almost the only people who knew her were those who employed her.

Germaine hurried up the steep part of the rue Lamarck. As she reached the corner of the rue Mont-Cenis she met a number of schoolboys running down the slope. But the exodus was only beginning. Outside the school, at the foot of the big, stone stairway which climbs the hill of Montmartre, the released children were still clustered together in a noisy, still compact group. Germaine took up her stand at the corner of the rue Paul-Féval and stood watching for Antoine. Within a few minutes the schoolboys had dispersed, scattering along the streets, and she was perturbed at not seeing her son. Soon only a group of half a dozen youngsters remained, chattering together about sport.

retardaient le moment de se séparer. Germaine s'approcha et leur demanda s'ils connaissaient Antoine Buge et s'ils l'avaient vu. Le plus petit, qui devait être de son âge, dit en ôtant sa casquette :

– Buge? Oui, moi je le connais. Je ne l'ai vu pas partir, mais je sais qu'il est sorti avec Frioulat dans les premiers.

Germaine demeura encore une minute et, déçue, revint sur ses pas.

Cependant, de l'autre bout de la rue Paul-Féval, Antoine avait assisté à l'attente de sa mère. Il en avait eu un serrement de cœur et s'était senti coupable. Mieux, au milieu du groupe où il se dissimulait, il s'était demandé à haute voix s'il ne devait pas la rejoindre.

– Fais comme tu veux, avait répondu sèchement Frioulat. On est toujours libre de se dégonfler. Tu ne feras plus partie de la bande, voilà tout.

Vaincu, Antoine était resté. Il n'avait pas envie de passer pour un dégonflé. D'autre part, il tenait beaucoup à faire partie de la bande, bien que l'autorité du chef se fît parfois sentir lourdement. Frioulat, c'était un type formidable. Pas plus grand qu'Antoine, mais râblé, vif, et peur de rien. Une fois, il avait engueulé un homme. Naudin et Rogier l'avaient vu, ce n'était pas une histoire.

La bande, qui se composait pour l'instant de cinq écoliers, attendait un sixième conjuré, Huchemin, qui habitait une maison de la rue et était allé déposer chez lui sa serviette de classe et celles de ses camarades.

Huchemin rejoignit la bande qui se trouva au complet. Antoine, encore triste, s'attardait à regarder l'école et songeait au retour de sa mère dans le logement de la rue Bachelet.

Frioulat, devinant ses hésitations, eut l'habileté de le charger d'une mission délicate.

Having to make off in different directions, they were delaying the moment of separation. Germaine went up and asked if any of them knew Antoine Buge, and if they had seen him. The smallest, who looked about the same age, raised his cap and said:

'Buge? Yes, I know him. I didn't see him go, but I know he left one of the first, with Frioulat.'

Germaine waited another minute and then turned away in disappointment, retracing her steps.

Meanwhile, from the other end of the rue Paul-Féval, Antoine had seen his mother waiting for him. It had given him a pang, and a guilty feeling. Indeed, while still hiding in the middle of the group he wondered aloud whether he should run after her.

'You can if you like,' said Frioulat coldly. 'Anybody who's afraid can go home. Only then, of course, you won't be a member of the gang any more.'

Defeated, Antoine stayed. He didn't want anyone to think he was afraid. And besides, he very much wanted to be a member of the gang, even though their leader was pretty tough with them. Frioulat was wonderful. Although he wasn't any taller than Antoine, he was strong and quick and never frightened of anything. Once he had even told a man off. Naudin and Rogier had been there; it wasn't just a story.

The gang, at present composed of five schoolboys, was awaiting a sixth conspirator, Huchemin, who lived in that street and had gone home to deposit his satchel and those of his comrades.

At length he came back to them, making their number complete. Antoine, still rather unhappy, gazed in the direction of the school, thinking of his mother's solitary return to their lodging in the rue Bachelet.

Frioulat, guessing his thoughts, had the shrewdness to entrust him with a delicate mission.

– Toi, tu vas aller en reconnaissance. On verra ce que tu sais faire. Mais attention, c'est dangereux.

Rose d'orgueil, Antoine monta la rue des Saules au galop et s'arrêta au premier carrefour. Le jour commençait à baisser, les passants étaient rares, en tout et pour tout deux vieilles femmes et un chien errant. Au retour, Antoine rendit compte de sa mission, d'une voix sobre.

– Je n'ai pas été attaqué, mais rue Saint-Vincent, il y a du louche.

– Je vois ce que c'est, dit Frioulat, mais j'ai pris mes précautions. Et maintenant, on part. Tous à la file indienne derrière moi en rasant les murs. Et que personne ne sorte du rang sans mon commandement, même si on m'attaque.

Baranquin, un petit blond très jeune qui en était à sa première expédition, paraissait très ému et voulut s'informer auprès d'Antoine du péril auquel ils allaient s'exposer. Il fut vertement rappelé à l'ordre par Frioulat et prit place dans la file sans ajouter mot. La montée de la rue des Saules s'effectua sans incident. A plusieurs reprises, Frioulat donna l'ordre à ses hommes de se coucher à plat ventre sur le pavé, glacé, sans préciser la nature du péril qui les guettait. Lui-même, impavide, tel un capitaine de légende, restait debout et surveillait les alentours, les mains en jumelles sur ses yeux. On n'osait rien dire, mais on trouvait qu'il donnait un peu trop à la vraisemblance. En passant, il déchargea deux fois son lance-pierre dans la rue Cortot, mais ne jugea pas utile de s'en expliquer à ses compagnons. La bande fit halte au carrefour Norvins et Antoine crut pouvoir en profiter pour demander ce qui s'était passé rue Cortot.

– J'ai autre chose à faire qu'à bavarder, répondit sèchement Frioulat. Je suis responsable de l'expédition, moi. Et il ajouta : Baranquin, pousse-moi une reconnaissance jusqu'à la rue Gabrielle. Et au trot.

'You can go ahead and scout. We'll see if you're any good at it. But watch out – it's dangerous!'

Pink with pride, Antoine went at a run up the rue des Saules and stopped at the first crossing. Evening was coming on, and the passers-by were few – to be exact, two old women and a stray dog. On his return, Antoine reported on his mission in a formal voice.

'I wasn't attacked, but it looks like we might have trouble in the rue Saint-Vincent.'

'I thought as much,' said Frioulat, 'but I've taken precautions. Right, now we'll start. Everybody in single file behind me, and keep close to the wall. And nobody's to break ranks without orders, even if I'm attacked.'

Baranquin, a small, very young, fair-haired boy who was on his first campaign, showed signs of nerves and wanted Antoine to tell him about the dangers which they were shortly to encounter. He was sharply called to order by Frioulat, and took his place in the file without another word. The advance up the rue des Saules was effected without incident. Several times Frioulat ordered his men to lie flat on the icy pavement, without indicating the nature of the peril that threatened them. He himself remained standing, utterly fearless, like a commander of legend, gazing keenly about him with his hands making binoculars over his eyes. No one ventured to say anything, but the others felt that he was over-doing it a little. As they passed the end of the rue Cortot he fired two shots from his catapult along it, but did not condescend to explain his reasons. The party came to a halt at the crossing of the rue Norvins, and Antoine thought he could take advantage of the pause to ask what had happened in the rue Cortot.

'I haven't time for talk,' said Frioulat tersely. 'I'm responsible for the safety of the expedition.' And he went on: 'Baranquin, you're to reconnoitre as far as the rue Gabrielle. At the double.'

31

La nuit était presque tombée. Peu rassuré, le petit Baranquin partit en courant. En l'attendant, le chef sortit un papier de sa poche et l'examina en fronçant le sourcil.

— Fermez ça, bon Dieu, dit-il à Huchemin et à Rogier qui parlaient haut. Vous voyez pas que je médite, non?

Bientôt, on entendit claquer les galoches de Baranquin qui rejoignait au pas gymnastique. Au cours de sa reconnaissance, il n'avait rien vu de suspect et le déclara tout innocemment. Choqué par ce manquement aux règles du jeu, qui révélait une absence du sentiment épique, Frioulat prit ses compagnons à témoin.

— J'ai pourtant l'habitude de commander, dit-il, mais des cons comme celui-là, j'en ai encore jamais vu.

Les compagnons comprenaient parfaitement le reproche et le trouvaient justifié, mais ayant tous quelques raisons d'en vouloir à Frioulat, ils restèrent sans réaction. Après un silence, Antoine fit observer :

— Du moment qu'il n'a rien vu, il le dit. Je vois pas pourquoi on lui en voudrait.

Huchemin, Rogier et Naudin approuvèrent à haute voix et le chef en fut un peu troublé.

— Alors, quoi, si on s'occupe de ce qui est vrai, y a plus moyen de rien faire, dit-il.

Antoine convint en lui-même qu'il avait raison et se reprocha d'avoir compromis l'autorité du chef. Surtout, il avait honte de s'être érigé en défenseur du sens commun contre de nobles imaginations qui semblaient constituer les fondements mêmes de l'héroïsme. Il voulut faire amende honorable, mais aux premiers mots qu'il dit, Frioulat le prit à partie.

— Ta gueule, toi. Au lieu de venir flanquer l'indiscipline dans la bande, t'aurais mieux fait de rentrer chez ta

It was now nearly dark. By no means reassured, little Baranquin went off at a run. While they awaited his return the chief got a piece of paper out of his pocket and studied it with a frown.

'Pipe down, will you?' he said to Huchemin and Rogier, who had ventured to raise their voices. 'Can't you see I'm thinking?'

Presently they heard the patter of Baranquin's goloshes over the pavement as he came scampering back. He had seen nothing suspicious in the course of his patrol, and in all innocence he said so. Shocked by this disregard of the rules of the game, which showed a lack of the true spirit of make-believe, Frioulat appealed to the others.

'I've been commanding troops all my life, but I've never known a bonehead like this one.'

His companions fully understood and sympathized with the outburst, but since they all had their grievances against Frioulat they made no response. After a pause Antoine remarked:

'All the same, if he didn't see anything I don't see how you can blame him for saying so.'

Huchemin, Rogier and Naudin all supported this loudly, and the chief was somewhat shaken.

'Well, if we're only going to say what's true we can't do anything,' he said.

Antoine had to concede in his heart that he was right, and he was sorry that he had undermined his commander's authority. Above all, he was ashamed of having come forward as the defender of common sense against the splendid flights of imagination which seemed to constitute the very essence of heroism. He started to say something to make up for it but Frioulat instantly cut him short.

'You shut up! It's a pity you didn't go home with your mother instead of coming along and upsetting discipline in

mère. A cause de toi, on a déjà un quart d'heure de retard.

– C'est bon, riposta Antoine, je ne veux pas vous retarder. Je ne fais plus partie de la bande.

Il s'éloigna en direction de la rue Gabrielle, accompagné de Baranquin. Les autres hésitèrent. Naudin et Huchemin se décidèrent à suivre les dissidents, mais à distance. Rogier eut envie de se joindre à eux, mais n'osa pas rompre ouvertement avec le chef et s'éloigna d'un pas mou en ayant l'air de l'attendre. Frioulat s'ébranla le dernier en criant :

– Tas de cocus, débrouillez-vous tout seuls ! Moi, je vous fous ma démission ! Mais vous me regretterez !

La bande, en quatre fractions échelonnées sur une centaine de mètres, s'acheminait vers le but de l'expédition qui se trouvait dans un segment de la rue Élysée-des-Beaux-Arts compris entre deux coudes. La ruelle était sombre, encaissée, aussi déserte que le haut de Montmartre.

Près d'arriver, Antoine et Baranquin marchaient plus lentement et la bande se resserra comme un accordéon. A l'endroit où elle formait un premier coude, la rue était coupée par une tranchée profonde, signalée par un feu rouge. Les travaux avaient été effectués dans les deux derniers jours, car il n'y en avait pas encore de traces l'avant-veille, lors de la première expédition. C'était un élément d'horreur dont la bande aurait pu tirer parti et qui fit regretter sa dislocation. Il fallut traverser sur une planche étroite, entre deux cordes, qui faisaient office de garde-fous. Malgré son envie de se pencher sur le trou, Antoine ne s'arrêta pas, craignant qu'on ne le soupçonnât de vouloir attendre les autres.

Les six écoliers se retrouvèrent quelques pas plus loin, devant le bric-à-brac. C'était une boutique étroite, dont la peinture semblait avoir été grattée et qui ne portait aucune

the gang. You've made us a quarter of an hour late already.'

'All right,' said Antoine. 'I don't want to make you late. So I won't belong to the gang any more.'

He made off in the direction of the rue Gabrielle, accompanied by Baranquin. The others hesitated. Naudim and Hauchemin decided to follow the dissidents, but at a distance. Rogier was tempted to go with them, but not daring to break away openly from the chief he moved off more slowly, as though he were waiting for him. Frioulat was the last to leave the spot, and he did so crying:

'All right, you scabs, you can do what you like! I'm resigning! But you'll be sorry!'

The gang, now in four separate sections spread over a hundred yards, moved towards the expedition's destination, which was in a portion of the rue Élysée-des-Beaux-Arts, enclosed between two sharp turns. The narrow street was dark and shut-in, as deserted as the summit of Montmartre.

As they drew near to the spot Antoine and Baranquin went more slowly, and the party closed up like an accordion. At the first turn the street was cut across by a deep trench marked with a red light. The work must have been carried out in the course of the past two days, because there had been no sign of it two evenings before, on the occasion of the first expedition. It was an element of surprise and terror of which much might have been made, and which caused them to regret that the game had been abandoned. The trench had to be crossed by means of a narrow plank with ropes on each side which acted as safety rails. Much though he wanted to bend down and examine the digging, Antoine did not stop, fearing that the others would suspect him of waiting for them.

The six of them came together a few yards farther on, outside the curio shop. It was a small establishment whose paintwork looked as though it had been deliberately

inscription. En revanche, il y avait dans l'étalage de nombreuses pancartes. La plus importante était ainsi rédigée : 'Occasions pour connaisseurs.' Une autre : 'La maison ne fait crédit qu'aux gens riches.' Chacun des objets en montre était accompagné d'une référence historique des plus suspectes, tracée sur un rectangle de carton. 'Bureau champêtre de la reine Hortense'[1] désignait une petite table de cuisine en bois blanc, rongée par l'eau de Javel[2]. Il y avait le moulin à café de la du Barry, le porte-savon de Marat, les charentaises de Berthe au grand pied[3], le chapeau melon de Félix Faure, le tuyau de pipe de la reine Pomaré[4], le stylographe du traité de Campo-Formio[5], et cent autres choses illustrées dans le même esprit – jusqu'à l'enveloppe de cuir d'un ballon de football qui était donnée comme un 'faux semblant ayant appartenu à la papesse Jeanne'. Les écoliers n'y entendaient pas malice et ne doutaient nullement que le marchand eût réuni dans son bric-à-brac les modestes dépouilles de l'histoire. Le stylographe de Campo-Formio les étonnait vaguement, mais les lueurs qu'ils possédaient sur ce fameux traité étaient incertaines. Surtout l'idée ne leur fût pas venue qu'un commerçant pouvait se livrer à des facéties dans l'exercice de son négoce. Toutes ces références écrites de sa main étaient nécessairement vraies, aussi vraies qu'une chose imprimée, et constituaient une garantie d'authenticité. Mais ce n'était pas pour admirer des souvenirs historiques que la bande organisait ses lointaines expéditions. Un seul objet au milieu de la vitrine retenait l'attention passionnée des six écoliers. C'était une paire de bottes qu'accompagnait également une petite pancarte sur laquelle on lisait ces simples mots : 'Bottes de sept lieues' et auxquelles le traité de Campo-Formio, les Marat, Félix Faure, Napoléon, Louis-Philippe et autres grandes figures de l'histoire conféraient une autorité presque incontestable. Peut-être les six enfants ne croyaient-ils pas positivement qu'il eût suffi à l'un

scratched, and which bore no name. To compensate for this, the window contained numerous showcards, of which the largest read: 'Bargains for connoisseurs.' Another ran: 'Only the rich are allowed credit.' Each of the articles on show was accompanied by a historical description, highly suspect as to its accuracy, inscribed on a slip of cardboard. 'Outdoor writing-desk of Queen Hortense' referred to a small, white-wood kitchen table scoured with *eau de Javel.* There was also a coffee-mill which had belonged to the Du Barry, a soap-box that had been Marat's, the slippers of Berthe-au-grand-pied, a bowler hat worn by Félix Faure, the pipe-stem of the Reine Pomaré, the fountain-pen with which the treaty of Campo-Formio had been signed, and numerous other objects treated in the same spirit – culminating in a leather football-cover which was described as a 'Cunning Device, once the property of Pope Joan'. The boys saw no fraud in all this, and never doubted that the dealer had collected in his shop the modest litter of history. The Campo-Formio fountain-pen was perhaps a little surprising, but their knowledge of the famous treaty was only slight. Certainly the idea never occurred to them that a shopkeeper might indulge in facetiousness in the pursuit of his trade. All the inscriptions written in his own hand were necessarily true, as true as print, and to be accepted as a guarantee of authenticity. But it was not for the purpose of admiring historical relics that they had organized this long-range expedition. A single object in the middle of the window claimed the passionate interest of the six schoolboys. It was a pair of boots accompanied by a slip of cardboard bearing the simple words, 'Seven-League Boots' – words upon which the names of Campo-Formio, Marat, Félix Faure, Napoleon, Louis-Philippe and other great historical figures conferred an almost incontestable authenticity. Perhaps the six boys did not absolutely believe that they had only to put

d'eux de chausser ces bottes pour franchir sept lieues d'une seule enjambée. Ils soupçonnaient même que l'aventure du Petit Poucet n'était qu'un conte, mais n'en ayant pas la certitude, ils composaient facilement avec leurs soupçons. Pour être en règle avec la vraisemblance, peut-être aussi pour ne pas s'exposer à voir la réalité leur infliger un démenti, ils admettaient que la vertu de ces bottes de sept lieues s'était affaiblie ou perdue avec le temps. En tout cas, leur authenticité ne faisait aucun doute. C'était de l'histoire, et toute la boutique était là pour l'attester. De plus, elles étaient étrangement belles, d'une somptuosité qui étonnait, au milieu des autres objets de la vitrine, presque tous misérables et laids. En cuir verni noir, souple et fin, faites à la mesure d'un enfant de leur âge, elles étaient garnies intérieurement d'une fourrure blanche débordant sur le cuir où elle formait un revers neigeux. Les bottes avaient une élégance fière et cambrée qui intimidait un peu, mais cette fourrure blanche leur donnait la grâce d'un tendre caprice.

Buge et Baranquin, arrivés les premiers, s'étaient placés en face des bottes, le nez sur la vitre, et n'échangeant que de rares paroles. Leur ravissement était à peu près inexprimable et ressemblait à un rêve heureux dans lequel on reprend, de temps à autre, une conscience un peu douloureuse de la vie qui attend. Chaussant les bottes de sept lieues, Antoine vivait une aventure confuse et ardente et, songeant à sa mère, à leur mansarde où elle venait de rentrer seule, il reprenait haleine le temps d'un remords, d'un regard sur la vie qui attendait, de ce côté de la vitrine où il se trouvait lui-même, si près d'elle dans la nuit et dans l'hiver, qu'elle soufflait par sa bouche une petite buée sur le carreau.

Par instants, derrière les bottes, les deux enfants aperce-

on the boots in order to cover seven leagues at a single stride. They could even suspect that the adventure of Hop-o'-my-Thumb was only a fairy-tale; but not being positively certain of this they did not find it hard to compromise with the suspicion. As a concession to probability, and perhaps also to avoid the risk of seeing faith destroyed by reality, they agreed that the magical powers of the boots must have been weakened or lost in the course of time. As to their genuineness there could be no shadow of doubt. It was a matter of history, and the whole display bore witness to the fact. Moreover, they were strangely handsome, and of a surprising richness in contrast with the other objects in the window, nearly all of which were shoddy and ugly. Of fine, supple, black patent leather, made to fit a child about their own age, they were lined with white fur that spread over the edge of the uppers to form a snowy border. The boots themselves had a proud, high-stepping elegance which was a little dismaying, but the border of fur invested them with the grace of a tender fantasy.

Buge and Baranquin, the first to arrive, had taken up their position opposite the boots, noses pressed to the window, scarcely saying anything. Their delight was almost beyond expression, like a dream of enchantment in which from time to time one has a slightly painful reminder of life waiting outside. Donning the seven-league boots, Antoine embarked upon a confused and splendid adventure, and then, thinking of his mother and the garret whither she had just returned alone, he caught his breath in a moment of remorse, taking a backwards glance at the life that awaited him on the side of the window on which he stood, so close to it in the wintry darkness that the reality blew a little patch of mist on the pane through his mouth.

Beyond the boots, the children at moments caught a

vaient la silhouette du marchand, détenteur de ces merveilles.
L'intérieur de la boutique, de même que l'étalage, était
éclairé par une ampoule suspendue au bout d'un fil, sans
abat-jour, et dont la lumière jaune ne permettait pas de
distinguer bien sûrement les objets.

Autant qu'on en pouvait juger de l'extérieur, le marchand
était un très petit vieillard, au visage rond et lisse, sans rides
ni relief. Il portait un haut col dur, un veston étroitement
boutonné, des culottes courtes et des bas de cycliste bien
tirés sur ses jambes sèches. Quoiqu'il fût seul dans sa boutique, on entendait parfois le son de sa voix aiguë, toujours
irritée. Il lui arrivait d'arpenter le plancher dans un état
d'extrême agitation qui l'amenait à faire de véritables bonds,
mais le plus souvent il était assis sous l'ampoule électrique en
face d'un grand oiseau empaillé, sans doute un héron, avec
lequel il semblait avoir des conversations très animées.
Baranquin affirmait même qu'il avait vu l'oiseau bouger et
se porter contre le vieillard dans une attitude menaçante.
Tout était possible dans cette retraite des bottes de sept
lieues.

La bande se trouva de nouveau réunie, alignée contre la
glace de la vitrine et tous les regards fixés sur les bottes.
Frioulat se tenait à trois pas en arrière de la rangée qu'il
considérait avec beaucoup d'ironie tout en ricanant et mono-
loguant.

— Ils peuvent les regarder, les bottes, jusqu'à demain
matin s'ils veulent. Qui c'est qui se marre, c'est moi. Parce
que moi, j'avais un plan. Mais plus de chef, plus de plan,
plus rien.

Antoine dont la révolte avait entraîné toutes les déser-
tions, ne pouvait douter qu'il fût particulièrement visé par
ces propos. L'ignorance et le silence lui semblaient sages,
mais insuffisants. Il aurait voulu faire quelque chose de
grand et d'héroïque qui l'eût rendu digne, entre tous, de

glimpse of the curio dealer, the purveyor of these marvels. The interior of the shop, like the display-window, was lighted by an unshaded bulb hanging on its flex, of which the dim yellow glare made it difficult to distinguish objects very clearly.

So far as could be judged from outside, the shopkeeper was a very little old man with a round, smooth face without wrinkles or pronounced features. He wore a high, stiff collar, a tightly buttoned jacket and knee-breeches with cycling stockings pulled up over his withered legs. Although he was alone in the shop the sound of his shrill voice was to be heard now and then, always with a note of irritation.

Now and again he darted across the floor in a state of sudden, extreme agitation that caused him positively to leap, but for the most part he stayed seated beneath the electric bulb, facing a large stuffed bird, doubtless a heron, with which he seemed to be conducting a vigorous dispute. Baranquin went so far as to affirm that he had seen the bird move and turn upon the old man with a threatening gesture. Anything was possible in that stronghold of the seven-league boots.

The gang was now again united, lined up at the window with all eyes fixed upon the boots. Frioulat alone remained a pace or two in the rear, gazing at the row with a scornful smile while he laughed mockingly and muttered to himself.

'They can go on staring at the boots all night if they like. It just makes me laugh. Because I had a plan. But you can't have a plan without a leader – you can't have anything.'

Antoine, whose revolt had led to all the other desertions, could not doubt that these remarks were addressed particularly to himself. Although it seemed prudent to ignore them and keep silent, he found this unsatisfactory. He would have liked to do something splendid and heroic which

chausser les bottes de sept lieues. Dans la rangée, on semblait d'ailleurs attendre cette riposte à laquelle il songeait.
Rogier et Baranquin le regardaient avec espoir. Son cœur
battait à grands coups, mais peu à peu, il affermissait sa
résolution. Enfin, il sortit de la rangée, passa devant Frioulat
sans le regarder et se dirigea vers la porte de la boutique. On
le suivait des yeux avec admiration. Brisée en deux endroits,
la glace de la porte était aveuglée par une descente de lit ac-
crochée à l'intérieur et étiquetée : 'Tapis du voleur de
Bagdad.' Antoine, très ému, appuya sur le bec-de-cane et
poussa timidement la porte. Ce qu'il aperçut et entendit par
l'entrebâillement le retint au seuil. Au milieu de la boutique,
les poings sur les hanches, l'œil étincelant, le marchand se
tenait debout, face à l'oiseau empaillé et lui parlait d'une
voix de fillette en colère. Antoine l'entendait glapir :

– Mais ayez donc du moins la franchise de vos opinions !
A la fin, je suis ulcéré par votre façon de toujours insinuer !
Du reste, je n'admets pas les raisons que vous venez d'in-
voquer. Montrez-moi vos documents, montrez-moi vos
preuves. Ah ! Monsieur, vous voilà bien pris ? Pardon ?
Le vieillard se mit en posture d'écouter dans un silence
arrogant. Il enfonçait, entre ses épaules, sa petite tête ronde
et lisse comme une pomme, et semblait se recroqueviller
dans son haut col dur qui l'engonçait presque jusqu'aux
oreilles, de temps à autre jetant un coup d'œil vers l'oiseau et
pinçant la bouche avec un air d'ironie insultante. Tout à
coup, il fit un saut qui le porta tout contre la bête et, lui
mettant son poing sur le bec, se mit à crier :

– Je vous défends ! C'est une infamie ! Vous calomniez la
reine. Je n'ai rien à apprendre sur Isabeau de Bavière[6], vous
m'entendez, rien !
Là-dessus, il se mit à tourner autour de l'oiseau empaillé

would render him the one most worthy to wear the seven-league boots. Moreover, the rest of the row seemed to expect something of the sort from him. Rogier and Baranquin were gazing at him hopefully. His heart began to thump, but gradually he summoned up his courage. Finally he left the row, passed in front of Frioulat without looking at him, and went towards the door of the shop. Their eyes followed him with admiration. The glass pane in the door, broken in two places, was blocked out by a bedroom rug fixed on the inside and bearing the label, 'Flying Carpet of the Thief of Bagdad.' In great trepidation Antoine turned the handle and timidly gave the door a push. What he saw and heard kept him rooted to the threshold. Standing in the middle of the shop, with his hands on his hips, and his eyes gleaming the shopkeeper was confronting the stuffed bird and talking to it in the voice of an angry little girl. Antoine heard him squeak:

'Well, at least say definitely what you mean. I'm sick and tired of your habit of always hinting at things. In any case, I refuse to accept your argument. Show me your documents, produce your evidence. Aha! That's caught you out? Well?'

The old man then fell into an attitude of lofty silence while he awaited a reply. Sinking his head with its round, apple-smooth face between his shoulders, and seeming to shrink into the high, stiff collar which enveloped him almost to the ears, he stood glancing from time to time at the bird and plucking at his mouth with an air of insulting sarcasm. Suddenly he made a leap forward, which brought him close to the bird, and brandishing his fist under its beak started to shout:

'I forbid you to say it! It's infamous! You're insulting the Queen. I know everything there is to know about Isabel of Bavaria – everything, do you hear me?

Thereupon he proceeded to stalk around the stuffed bird

avec des gestes rageurs et en parlant à mi-voix. Ce fut pendant cette promenade que, levant les yeux, il aperçut la silhouette d'Antoine dans l'entrebâillement de la porte. Après l'avoir examiné avec méfiance, il marcha sur lui à grands pas, la tête en avant et les épaules effacées, comme s'il espérait le surprendre. Mais Antoine, refermant la porte, faisait signe à ses camarades et donnait l'alarme d'une voix angoissée qui fit impression.

La bande, qui semblait se reconstituer sous son autorité, le suivit et, avide de l'interroger, s'arrêta à dix ou quinze pas de la boutique. Frioulat, ayant d'abord esquissé un mouvement de retraite, s'était ressaisi et restait seul en face des bottes de sept lieues.

Le marchand avait écarté un coin de la descente de lit et, le nez au carreau, épiait la rue, particulièrement attentif au groupe d'Antoine. Les écoliers le regardaient à la dérobée et parlaient à voix basse. Enfin, il laissa retomber la descente de lit et disparut. Frioulat, qui avait eu l'audace de rester dans la lumière de la vitrine pendant cet examen, se tourna vers le groupe qui prétendait peut-être faire figure de bande et dit avec mépris :

— Pas besoin de vous sauver, il n'allait pas vous bouffer. Mais quand il n'y a pas de chef, c'est toujours comme ça. Il y en a qui font les malins, qui se donnent des airs de vouloir entrer, mais au dernier moment, c'est le dégonflage. En attendant, moi, je me marre.

— Personne ne t'empêche d'entrer, fit observer Huchemin. Si tu es plus malin que les autres, vas-y.

— Parfaitement, dit Frioulat.

Il se dirigea vers la porte et, sans hésiter, d'une brusque poussée, il l'ouvrit presque grande. Mais comme il franchis-

with furious gestures, talking in a low voice. It was while he was doing this that, glancing up, he noticed the figure of Antoine in the doorway. After examining him with an air of mistrust he advanced upon him with long strides, head thrust forward and shoulders rounded, as though he hoped to spring upon him unawares. But Antoine, slamming the door, gesticulated to his comrades and sounded the alarm in a voice of such urgency that it startled them all.

Seeming to reconstitute itself under his leadership, the gang followed him, bursting with questions, until they came to a stop a dozen yards from the shop. Frioulat, who had also made a movement of retreat, pulled himself together and remained still standing in front of the seven-league boots.

The shopkeeper had drawn aside a corner of the rug, and with his nose to the glass was staring into the street, paying especial attention to Antoine's group. The boys glanced sidelong at him while they talked in undertones. Finally he let the rug fall and disappeared. Frioulat, who had had the boldness to remain standing in the light cast by the window while he gazed at them, turned towards the group, which perhaps was aspiring to look like a gang, and said disdainfully:

'You needn't have run away, he wasn't going to eat you. But it's always like that when there isn't a chief. Somebody thinks he'll be clever and go first, but then at the last minute he gets in a funk. Well, all I do is just laugh.'

'No one's stopping you from going in,' said Huchemin. 'Why don't you, if you're so much cleverer than anyone else?'

'It's just what I'm going to do,' said Frioulat.

He went up to the door and, without hesitating, giving it a brisk shove, he flung it almost wide open. But as he was

sait le seuil, il recula en poussant un hurlement de frayeur.
Un oiseau plus grand que lui, caché derrière la porte, venait
de bondir à sa rencontre en faisant entendre un glapissement
étrange qui avait quelque chose d'humain.

La bande détalait déjà et Frioulat se mit à courir de toute
sa vitesse sans prendre le temps d'un regard en arrière.
Tenant l'oiseau dans ses bras, le vieillard s'avança sur le pas
de la porte et, après avoir émis un autre glapissement qui
précipita la fuite des écoliers, il rentra dans la boutique.

Frioulat, lancé comme un projectile, rejoignit la bande
au tournant de la rue. Personne ne songea à la tranchée
qu'il avait fallu franchir sur une planche un quart d'heure
auparavant. Elle n'était qu'à trois mètres après le tournant. Rogier la vit lorsqu'il fut au bord et voulut s'arrêter,
mais il ne put résister à la poussée du suivant, et Frioulat
arrivait d'un tel élan qu'il précipita dans le trou ceux qui
essayaient encore de retrouver un équilibre et qu'il tomba
lui-même avec eux. La tranchée avait presque deux mètres
de profondeur et la terre gelée était dure comme de la
pierre.

*

Germaine avait allumé le poêle et, par économie, entretenait un petit feu en attendant le retour d'Antoine. La
pièce était minuscule, mais difficile à chauffer à cause de son
exposition. La fenêtre mansardée joignait mal et laissait
passer des coulis d'air froid. Quand le vent soufflait du nord,
on l'entendait ronfler entre la toiture et la cloison inclinée,
faite d'un lattis enrobé dans une mince couche de plâtre.
Assise sur l'un des deux petits lits de fer qui, avec une table
de jardin, une chaise de bois, le poêle en fonte et quelques
caisses à savon, constituaient tout son mobilier, Germaine
Buge, le corps et l'esprit immobiles, fixait la flamme de la
lampe à pétrole qu'elle avait mise en veilleuse.

about to cross the threshold he drew back with a yell of fright. A bird, larger than himself, which had been hiding behind the door, had leapt at him uttering a strange squawking cry in which there was a hint of a human voice.

The gang was already scattering, and Frioulat bolted at top speed without taking the time to look round. With the bird in his arms the old man came as far as the doorway, and after uttering a final screech, which completed the stampede, turned back into his shop.

Frioulat, running like mad, caught up with the others at the corner. None of them remembered the trench which they had crossed by means of a plank only a quarter of an hour before. It was only three yards beyond the corner. Rogier saw it as he reached the brink and tried to pull up, but could not withstand the thrust of the boy behind him; and Frioulat came charging along with such speed that he jostled those who were struggling to keep their balance and fell in himself with them. The trench was about six feet deep, the earth frozen hard as stone.

*

Germaine had lit the stove, but to save fuel she was keeping the fire low while she awaited Antoine's return. Although the room was tiny, its exposed position made it difficult to keep warm. The attic window was warped and let in a stream of cold air. When the wind blew from the north one could hear it whistling between the roof and the sloping ceiling, made of laths covered with a thin layer of plaster. Seated on one of the two truckle-beds which, with a garden table, a wooden chair, the iron stove and a few soap-boxes, comprised her entire furniture, Germaine waited, body and mind unmoving, staring at the small flame of the oil-lamp, which she had turned low.

Voyant qu'il était six heures et demie, elle eut peur. Antoine ne s'attardait jamais lorsqu'il se savait attendu et, à midi, elle l'avait prévenu qu'elle ne rentrerait pas après cinq heures. Plusieurs fois elle sortit sur le palier, dans l'espoir qu'un bruit de pas écourterait d'une minute son attente anxieuse. Elle finit par laisser la porte entrebâillée. Ce fut par la fenêtre qu'elle entendit appeler son nom. Du fond de la cour étroite, sa voix montant comme dans une cheminée, la concierge criait : 'Eh! Buge…' Il lui arrivait de l'appeler ainsi, lorsqu'une dame, venant demander à Germaine de lui faire son ménage, hésitait à gravir sept étages pour se fourrer dans quelque taudis.

Dans la loge l'attendait un agent de police qui devisait avec le concierge. En le voyant, elle comprit qu'il s'agissait d'Antoine et toute sa chair se tordit de peur. Son entrée fut accueillie par un silence compatissant.

– Vous êtes la mère d'Antoine Buge? dit l'agent. Il vient d'arriver un accident à votre fils. Je crois que ce n'est pas bien grave. Il est tombé avec d'autres enfants dans une tranchée de canalisation. Je ne sais pas si c'était profond, mais par ces froids, la terre est dure. Ils se sont blessés. On a emmené le vôtre à l'hôpital Bretonneau. Vous pouvez peut-être essayer de le voir ce soir.

Dans la rue, après avoir retiré le porte-monnaie et le mouchoir qui gonflaient l'une des poches, Germaine ôta son tablier et le mit en rouleau sous son bras. Son premier mouvement avait été de prendre un taxi, mais elle réfléchit que l'argent de la course serait employé plus utilement pour Antoine. Elle fit le trajet à pied, ne sentant ni le froid ni la fatigue. Sa douleur ne s'accompagnait d'aucune révolte et,

By half-past six she had begun to grow worried. Antoine was never late when he knew that she was waiting for him, and she had told him at midday that she would be home by five. Several times she went out on to the landing, hoping that the sound of his footsteps would reduce by a minute the period of her anxious vigil. Finally she left the door half-open. But when at length she heard her name called, it came to her through the window. The voice of the concierge rose from the bottom of the narrow courtyard, echoing as though in a well: 'Hey, Buge!' She was accustomed to summon her in this fashion when ladies came to call on Germaine's services as a charwoman without wanting to be put to the trouble of climbing seven flights of stairs to end up in some miserable hole.

A policeman was waiting for her in the *loge*, chatting with the concierge. Directly she set eyes upon him Germaine guessed that he came about Antoine, and her flesh shrank with terror. There was a moment of sympathetic silence as she entered.

'You're the mother of Antoine Buge?' said the policeman. 'Your son has had an accident. I don't think it's very bad. He and some other children fell into a trench in the road, dug for drainage repairs. I don't know how deep it was, but the ground's very hard in this weather. They hurt themselves. They have been taken to the Bretonneau Hospital. You might perhaps try to see him this evening.'

Out in the street, Germaine took off her apron, rolled it and put it under her arm, after having removed the purse and handkerchief from one of its pockets. Her first instinct was to take a taxi, but then she reflected that the money could be better spent on Antoine. So she went on foot, conscious neither of the cold nor of her weariness. Her distress was accompanied by no impulse of revolt, and indeed,

songeant à Antoine, à leur vie dans la mansarde, il lui semblait, à faire le compte de ces années de bonheur, qu'elle se fût rendue coupable de se soustraire à son véritable destin. Le moment était venu de rendre des comptes et la catastrophe faisait tout rentrer dans l'ordre.

'Ça devait arriver, pensait-elle, j'étais si heureuse.'

A l'hôpital, on la fit entrer dans une salle d'attente où étaient assis quatre femmes et trois hommes qui tenaient une conversation animée.

Aux premiers mots qu'elle entendit, Germaine comprit qu'elle se trouvait avec les parents des autres enfants. Du reste, elle reconnaissait Mme Frioulat, une petite femme noiraude, au visage dur, qui tenait rue Ramey une boutique de comestibles où il lui était arrivé de faire des achats. Elle eut le désir fugitif de se mêler au groupe et de s'informer des circonstances de l'accident, mais personne n'avait pris garde à son arrivée, sauf Mme Frioulat qui avait toisé d'un regard peu engageant cette femme sans manteau et sans homme, puisque sans alliance.

Germaine s'assit à l'écart et écouta la conversation qui ne lui apprit rien. Tous ces gens ne paraissaient pas mieux renseignés qu'elle.

– Comment que ça a pu arriver, je me demande bien, demandait le père de Naudin, un homme jeune qui portait l'uniforme bleu des receveurs du métro.

– C'est mon époux qui a appris la nouvelle le premier, dit Mme Frioulat en haussant la voix pour faire entendre à Germaine qu'elle n'était pas seule dans la vie. Il voulait aller chercher la voiture au garage, mais je lui ai dit : 'Laisse, j'y vais en taxi.' Il fallait bien qu'il reste au magasin.

Chacun racontait à son tour comment il avait été informé de l'accident. Quelques minutes d'attention suffirent à Germaine pour connaître par leurs noms les parents qui attendaient là. Tous ces noms, qu'elle avait si souvent en-

thinking of Antoine and their life together in the attic, reckoning up those years of happiness, it seemed to her that she had been guilty of evading her true destiny. The time had come to settle the account, and this disaster restored the balance.

'It had to happen,' she thought. 'I was too happy.'

At the hospital they showed her into a waiting-room where four women and three men were already seated, talking excitedly together.

She gathered from the first words she overheard that they were the parents of the other boys. In any case, she knew Mme Frioulat, a little, dark, hard-faced woman who kept a provision shop in the rue Ramey where she was sometimes a customer. She was tempted for an instant to join the group in order to learn more about the accident, but no one paid any attention to her except Mme Frioulat, who had glanced rather forbiddingly at this new arrival, coatless and presumably husbandless, since she wore no wedding ring.

Germaine sat down a short distance away and listened to the talk, which told her nothing. The others seemed to know no more than she did herself.

'I must say, I'd like to know how it happened,' said Naudin's father, a young man in the blue uniform of a métro ticket-collector.

'It was my husband who got the news first,' said Mme Frioulat, raising her voice to intimate to Germaine that she was not alone in the world. 'He wanted to get the car out, but I said, "Don't bother, I'll take a taxi." One of us had to stay and mind the shop.'

Each in turn described how they had received the news of the accident. Germaine was not long in learning their names, all of which were familiar to her from having heard them spoken many times by Antoine. She gazed with defer-

tendu prononcer par Antoine, lui étaient familiers. Elle considérait avec admiration et déférence ces Naudin, ces Huchemin, ces Rogier qui portaient des noms d'écoliers. Il lui semblait cousiner avec eux, bien qu'elle restât consciente d'une distance entre elle et ces gens qui allaient par couples, avaient un métier, des parents, un appartement. Ils continuaient du reste à l'ignorer, mais loin de leur en vouloir, elle leur était reconnaissante de cette discrétion. Seule, l'effrayait un peu Mme Frioulat, dont elle sentait parfois se poser sur sa chétive personne le regard hostile. Elle saisissait obscurément les raisons de cette hostilité, et si l'anxiété lui avait laissé l'esprit plus libre, elle n'aurait pas eu de peine à les comprendre. Une longue expérience lui avait appris que certaines dames d'une condition supérieure, comme l'était Mme Frioulat, n'aiment pas beaucoup se trouver dans une situation qui les mette sur un pied d'égalité avec les pauvresses. L'épicière de la rue Ramey souffrait dans un sentiment esthétique de l'édifice social. Cette solidarité avec une créature trop évidemment fille mère faisait naître en son cœur un doute vénéneux. Bien que commerçante et ayant une auto, pouvait-elle croire encore à la vertu des catégories? Elle engagea pourtant la conversation.

– Et vous, madame, vous êtes venue sans doute pour ce triste accident?

– Oui, madame. Je suis la maman du petit Buge. Antoine Buge.

– Ah! ah! Antoine Buge, parfaitement. J'en ai entendu parler. Il paraît qu'il a le diable au corps, ce petit. Vous avez dû en entendre parler aussi, vous, madame Naudin?

– Oui, Robert m'en a parlé.

– Ah! je vous le disais, vous voyez, on vous en a parlé aussi. C'est un gamin endiablé.

ence and admiration at the Naudins, the Huchemins and the Rogiers, all of whom bore the names of schoolboys. This seemed to bring her into some sort of relationship with them, although she remained fully conscious of the gulf separating her from people who went in couples, followed a calling, had family connexions, their own apartment. In the meantime they continued to ignore her, but far from resenting this she was grateful to them for their tact. Only Mme Frioulat alarmed her a little, as from time to time she felt that hostile gaze fall upon her puny person. She obscurely perceived the reasons for this hostility, and if anxiety had not almost robbed her of the power to think she would have had little difficulty in understanding them. Long experience had taught her that ladies of higher status, such as Mme Frioulat, do not greatly care to find themselves in a situation where they are placed on the same footing as the poor and outcast. The grocer's wife from the rue Ramey was suffering from a slight sense of social outrage. To be thus associated with a creature who was only too clearly an unmarried mother caused insidious doubts to arise in her mind. Although a shopkeeper's wife and the possessor of a car, could she continue to believe in the virtue of social categories? Nevertheless she spoke to her.

'And you, Madame? Have you come here too because of this unfortunate accident?'

'Yes, Madame. I'm Buge's mother – Antoine Buge.'

'Ah, Antoine Buge. I see. I've heard of him. It seems he's a little demon, that boy. I dare say you've heard about him too, Madame Naudin?'

'Yes, I've heard Robert talk about him.'

'I thought as much. You've heard about him too. An absolute little demon.'

– Mais non, mais non, je vous assure. Antoine est bien sage, protestait Germaine, mais Mme Frioulat ne la laissait pas parler.

– Le fond n'est peut-être pas mauvais, mais comme à tant d'autres, il lui aura manqué une discipline.

– Les enfants, il faut que ça soit tenu, dit l'employé du métro.

Soulagés de pouvoir s'en prendre à quelqu'un et de tenir une explication de l'accident, les parents échangeaient à haute voix des réflexions sur l'éducation des enfants et, tout en restant dans les généralités, visaient assez clairement le cas de Germaine Buge. Chacun des couples, en raison de son angoisse, se sentait des trésors d'indulgence pour un fils auquel le malheur faisait une parure d'innocence, et nul ne doutait qu'Antoine eût entraîné ses camarades.

– Je ne vous reproche rien, dit Mme Frioulat en s'adressant à Germaine, je n'ai pas le cœur à faire des reproches dans un moment pareil, mais enfin, la vérité est la vérité. Il faut reconnaître que si vous aviez mieux surveillé cet enfant nous n'en serions pas là, aujourd'hui. Maintenant que le mal est fait, je n'ai qu'une chose à souhaiter, c'est que l'aventure vous serve de leçon, ma fille.

Prises à témoin et flattées qu'elle eût ainsi parlé en leur nom, les autres mères accueillirent cette péroraison par un murmure d'estime. Germaine, que son métier avait habituée à ce genre de semonce, accepta celle-ci sans protester et, gênée par tous ces regards fixés sur elle, ne sut que baisser la tête. Une infirmière entra.

– Rassurez-vous, dit-elle, il n'y a rien de grave. Le médecin vient de les voir. Il n'a trouvé que des jambes et des bras cassés et des écorchures sans importance. Dans quelques semaines, tout sera rentré dans l'ordre. Comme le choc a

'No, truly, he isn't. Antoine's a very good boy,' protested Germaine, but Mme Frioulat would not let her go on.

'I dare say he isn't a bad boy at heart, but he's like so many others, he lacks discipline.'

'Children have to be kept in order,' said the ticket-collector.

Glad to be able to blame someone, and to find an explanation of the accident, the party of parents went on to exchange views on the upbringing of children, confining themselves to generalities but clearly directing their remarks at Germaine Buge. The anxiety from which all the couples were suffering caused their hearts to overflow with indulgence for a son invested by misfortune with the garb of innocence, and none doubted that Antoine had led his companions into disaster.

'I'm not blaming you,' said Mme Frioulat to Germaine. 'I wouldn't have the heart to blame anyone at a time like this. Still, there's no getting away from the truth. There's no denying that if only you'd looked after your child better we shouldn't be here today. Now that the harm's done I've only got one thing to say, and that is that I hope it will be a lesson to you.'

Called upon to endorse these sentiments, and gratified that she should have spoken in the name of them all, the other matrons greeted the speech with a murmur of approval. Germaine, who by reason of her calling had grown accustomed to lectures of this sort, accepted it without protest and, embarrassed by all the eyes regarding her, could only hang her head. A nurse came in.

'Cheer up,' she said. 'There's nothing serious. The doctor has just examined them. All he found was breaks and sprains and a few minor grazes. They'll all be perfectly all right in a few weeks. But they're suffering a little from shock at pre-

été tout de même rude, ils sont un peu abattus, et il vaut mieux que vous ne les voyiez pas ce soir. Mais demain, il n'y aura pas d'inconvénient. Venez à une heure.

Les cinq enfants étaient réunis dans une petite salle carrée, en compagnie de trois autres blessés à peu près de leur âge, qui en étaient à leur troisième semaine d'hôpital.

Antoine était placé entre Frioulat et Huchemin, face à Rogier et à Naudin dont les lits étaient voisins. La première nuit avait été agitée, et la première journée fut également pénible. Encore endoloris et fiévreux, ils ne parlaient guère et s'intéressaient médiocrement à ce qui se passait dans la salle. Sauf Antoine, ils reçurent la première visite de leurs parents sans beaucoup de plaisir ni d'émotion. Antoine, lui, y pensait depuis la veille. Il avait eu peur pour sa mère de cette nuit d'angoisse dans la mansarde froide et de toutes les nuits à venir. Lorsqu'elle entra dans la salle, il s'effraya de voir son visage marqué par la fatigue et l'insomnie. Elle comprit son inquiétude, et ses premières paroles furent pour le rassurer.

Au lit voisin, à gauche, Huchemin, entre deux geignements, répondait à ses parents d'une voix dolente qui décourageait les questions. A droite, Frioulat se montrait grincheux avec sa mère dont les cajoleries lui semblaient ridicules. Elle l'appelait 'Mon petit ange adorable' et 'Mon petit bambin à sa maman'. Ça faisait bien, devant les copains qui entendaient. L'infirmière avait demandé que, pour cette première fois, le temps des visites ne fût pas trop long. Les parents ne restèrent pas plus d'un quart d'heure. Dans ce cadre nouveau, leurs enfants, soustraits tout d'un coup à leur gouvernement et, à cause de leur accident, faisant figure d'ayants droit, les intimidaient. Les conversations étaient presque difficiles. Germaine Buge, qui n'éprouvait pas ce

sent, and so it's better not to disturb them, but tomorrow it will be all right. Come at one o'clock.'

The five boys were together in a small, square ward, in company with three other injured youngsters of about their own age who were in their third week in hospital.

Antoine had been put between Frioulat and Huchemin, opposite Rogier and Naudin, whose beds were side by side. Their first night was a restless one, and the next day was equally uncomfortable. Still in pain and feverish, they scarcely spoke and took little interest in what went on in the ward. Excepting Antoine, they received their parents' visit with no great pleasure or excitement. But Antoine had been thinking of nothing else since the previous evening. He had been afraid on his mother's account, thinking of her wretchedly alone in their chilly garret that night and for so many nights to come; and when she entered the ward he was distressed by the signs of fatigue and sleeplessness in her face. Knowing what was in his mind, the first words she spoke were to reassure him.

In the bed on Antoine's left Huchemin, talking between groans, answered his parents in a whimpering voice which discouraged questions. Frioulat, on his right, was decidedly terse with his mother, whose endearments seemed to him ridiculous. She called him 'darling boy' and 'precious angel' – a nice thing for the gang to hear! The nurse had asked that this first visit should not be too prolonged, and the parents stayed only a quarter of an hour. Their children in this unfamiliar setting, suddenly removed from their authority and endowed by the accident with rights of their own, had become strange to them and a little intimidating. Conversation was difficult. Germaine Buge, although she did not share this sense of unease as she sat at Antoine's bedside,

sentiment de gêne au chevet d'Antoine, n'osa pourtant pas rester et partit avec les autres.

Le petit Baranquin, seul de la bande qui fût sorti indemne de la chute au fond du trou, arriva peu après le départ des parents, et sa visite fut plutôt réconfortante. Il regrettait sincèrement que le sort lui eût été clément.

– Vous en avez de la chance, vous, de vous être cassé quelque chose. Hier soir, j'aurais bien voulu être à votre place. Qu'est-ce que j'ai pris en arrivant chez moi. Mon père était déjà rentré. Il a été se rechausser pour me flanquer son pied dans les fesses. Qu'est-ce que j'ai entendu, toute la soirée, et que je finirais au bagne et tout. Et à midi, il a recommencé. Sûrement que ce soir, il va continuer. Avec lui, il y en a toujours pour une semaine.

– C'est comme chez moi, dit Rogier. Si j'avais eu le malheur de rentrer sans rien, qu'est-ce que je dégustais aussi.

N'eût été la souffrance, chacun se serait félicité d'être à l'hôpital. Antoine, qui n'avait pas le souvenir d'avoir jamais été grondé par sa mère, était le seul qui ne se consolât point à cet aspect du hasard. Frioulat lui-même, qu'on pensait être gâté par ses parents, estimait pourtant qu'il eût risqué gros à rentrer chez lui, comme Baranquin, avec un manteau déchiré du haut en bas, et sans une égratignure.

Les jours suivants furent plus animés. Les foulures et les luxations étaient beaucoup moins douloureuses et les membres plâtrés n'étaient même pas un sujet de préoccupation. L'immobilité ne permettait d'autre récréation que de lire et de causer. On parla beaucoup de l'expédition. et chacun se passionnait à en revivre les péripéties. Il y eut des disputes véhémentes que la voix des infirmières ne parvenait pas à apaiser.

nevertheless did not venture to stay behind, and left with the others.

Little Baranquin, the only one of the gang who had been undamaged by the tumble into the trench, arrived shortly after the parents had left, and his visit was more of a comfort to them. He was genuinely sorry to have been let off so lightly.

'You don't know how lucky you all are to have broken something. I wish I'd been here with you last night. I didn't half cop it when I got home. My dad was home already, and he gave me a hiding, and then he went on about it all evening, about how I'd finish up in clink and all that. And he started again today at midday, and I bet you I get some more this evening. Everything lasts a week with him.'

'Same here,' said Rogier. 'Coo, I should have copped a packet if I'd had the rotten luck to go home without anything the matter with me.'

Had it not been for their aches and pains, all would have congratulated themselves on being in hospital. Antoine, who did not remember ever having been scolded by his mother, was the only one to derive no consolation from this aspect of the matter. Even Frioulat, who was held to be spoilt by his parents, considered that he would have run frightful risks if he had gone home, like Baranquin, with his skin intact and his overcoat torn from top to bottom.

The ensuing days were livelier. The sprains and dislocations were a good deal less painful, and the limbs in plaster could be almost forgotten. Their enforced immobility limited their amusements to reading and chattering. They talked a great deal about the expedition, all passionately anxious to recall every detail. There were vigorous disputes which the voice of the nurses could not always subdue.

Tirant la leçon des événements, Frioulat exaltait les principes d'ordre et d'autorité et soutenait que rien ne fût arrivé si la bande avait gardé son chef.

— Ce n'est pas ce qui t'aurait empêché d'avoir peur, objectaient les autres.

— C'est moi qui me suis sauvé le dernier, faisait observer Frioulat. Et bien obligé, vous m'avez laissé tout seul, bande de dégonflés.

Les discussions étaient d'autant plus violentes qu'on était immobilisé et qu'on ne risquait rien à se menacer d'un coup de poing sur le nez.

On se réconciliait en parlant des bottes de sept lieues. Il était à craindre que le marchand n'eût trouvé acheteur. Aussi, les visites de Baranquin étaient-elles attendues impatiemment. On tremblait qu'il n'apportât une mauvaise nouvelle. Il le savait et, dès en entrant, rassurait son monde. Les bottes étaient toujours dans la vitrine et, de jour en jour, affirmait-il, plus belles, plus brillantes, et plus soyeux aussi les revers de fourrure blanche. L'après-midi, à la tombée du jour, avant l'heure des lampes, il n'était pas difficile de se persuader que les bottes avaient conservé intacte leur vertu première, et l'on avait fini par y croire presque sans arrière-pensée. Rien n'était d'ailleurs plus récréatif, ni plus reposant, que de réfléchir dans son lit à ces prodigieuses enjambées de sept lieues. Chacun rêvait tout haut à l'usage qu'il aimerait faire des bottes. Frioulat se plaisait à l'idée qu'il battrait tous les records du monde de course à pied. Rogier était généralement plus modeste. Quand on l'enverrait chercher un quart de beurre ou un litre de lait, il irait les acheter dans un village de Normandie où il les aurait à meilleur marché, et mettrait la différence dans sa poche. Du reste, tous étaient d'accord pour aller passer leurs jeudis après-midi en Afrique ou dans les Indes, à guerroyer contre les sauvages et à

Pointing the moral of the episode, Frioulat extolled the principles of order and authority and maintained that nothing would have happened if the gang had remained faithful to its leader.

'All the same, that didn't stop you getting the wind up,' one of the others objected.

'I was the last to bolt,' said Frioulat. 'And what else could I do when you'd left me there alone, blooming lot of funks.'

The fact that no one could move, and therefore no one risked a punch on the nose, made the discussion even more forthright.

But quarrels were forgotten when they talked about the seven-league boots. It was to be greatly feared that the shop-keeper would have found a purchaser, and for this reason Baranquin's visits were impatiently awaited. All were terrified lest he should bring bad news. Knowing this, he always hastened to reassure them the moment he entered. The boots were still in the window, and every day, he said, they grew shinier and more splendid, and the white fur lining more silky. In the late afternoon, when dusk was falling and before the lights were turned on, it was not hard to persuade oneself that the boots retained all their original virtue, and they ended by believing this almost without giving it a thought. Nothing was more enthralling and more restful than to lie in one's bed dreaming of those stu-pendous, seven-league strides. Each of them told tales aloud of what he would do if the boots were his. Frioulat's favourite notion was that he would beat all the world's running records. Rogier was as a rule more modest. He said that when he was sent out to buy a half-pound of butter or a quart of milk he'd go and buy them in a village in Normandy where he could get them cheaper, and pocket the change. But all were agreed that they would spend their

chasser les grands fauves. Antoine n'était pas moins tenté
que ses camarades par de telles expéditions. Pourtant,
d'autres rêves, qu'il tenait secrets, lui étaient plus doux. Sa
mère n'aurait plus jamais d'inquiétude pour la nourriture.
Les jours où l'argent manquerait à la maison, il enfilerait ses
bottes de sept lieues. En dix minutes, il aurait achevé son
tour de France. A Lyon, il prendrait un morceau de viande
à un étal ; à Marseille, un pain ; à Bordeaux, un légume ; un
litre de lait à Nantes ; un quart de café à Cherbourg. Il se
laissait aller à penser qu'il pourrait prendre aussi pour sa
mère un bon manteau qui lui tiendrait chaud. Et peut-être
une paire de souliers, car elle n'en avait plus qu'une, déjà
bien usée. Le jour du terme, si les cent soixante francs du
loyer venaient à manquer, il faudrait encore y pourvoir.
C'est assez facile. On entre dans une boutique à Lille ou à
Carcassonne, une boutique cossue où les clients n'entrent
pas en tenant serré dans la main l'argent des commissions.
Au moment où une dame reçoit sa monnaie au comptoir,
on lui prend les billets des mains et, avant qu'elle ait eu le
temps de s'indigner, on est déjà rentré à Montmartre.
S'emparer ainsi du bien d'autrui, c'est très gênant, même à
l'imaginer dans son lit. Mais avoir faim, c'est gênant aussi.
Et, quand on n'a plus de quoi payer le loyer de sa mansarde
et qu'il faut l'avouer à sa concierge et faire des promesses au
propriétaire, on se sent tout aussi honteux que si l'on avait
dérobé le bien d'autrui.

Germaine Buge n'apportait pas moins d'oranges à son
fils, pas moins de bonbons et de journaux illustrés que n'en
apportaient aux leurs les autres parents. Pourtant, jamais
Antoine n'avait eu comme à l'hôpital le sentiment de sa
pauvreté, et c'était à cause des visites. A entendre les parents
bavarder au chevet des autres malades, la vie paraissait d'une

Thursday afternoons visiting Africa and India, fighting the natives and hunting big game. The thought of such excursions allured Antoine no less than it did his companions. But other dreams, which he kept secret, were even dearer to him. His mother would never again have to worry about getting enough food. On days when money was short he'd pull on the boots, and in ten minutes he'd have been all round France. He'd pinch a joint of meat from a shop in Lyons, a loaf in Marseilles, vegetables in Bordeaux, milk in Nantes and coffee in Cherbourg. He went so far as to consider also taking a good coat for his mother, to keep her warm; and perhaps a new pair of shoes, because she only had one and they were badly worn. And then there was quarter-day, and if they hadn't got the hundred and sixty francs rent he would have to do something about that too. Nothing could be easier. You go into a shop in Lille or Carcassonne, a rich sort of shop where the customers don't come in clutching their money and wondering how to make it go round; and when a lady's getting her change at the cash-desk you just whip it out of her hand, and before she can say a word you're back in Montmartre. It isn't at all a nice thing to go taking other people's property, or even to lie in bed thinking about it. But it isn't nice to be hungry either. And when you haven't enough money to pay the rent of your garret, and you have to admit it to the concierge and make promises to the landlord, you feel just as ashamed as if you'd stolen something from someone.

Germaine Buge brought her son as many oranges and sweets and picture-papers as the other parents brought their children: nevertheless, Antoine had never been so conscious of his poverty as he was in hospital, and this was because of the visits. To judge by the talk that went on between the other boys and their parents, life was an affair

richesse foisonnante, presque invraisemblable. Leurs propos
évoquaient toujours une existence compliquée, grouillante
de frères, de sœurs, de chiens, de chats ou de canaris, avec
des prolongements chez les voisins de palier et aux quatre
coins du quartier, aux quatre coins de Paris, en banlieue, en
province et jusqu'à l'étranger. Il était question d'un oncle
Émile, d'une tante Valentine, de cousins d'Argenteuil, d'une
lettre venue de Clermont-Ferrand ou de Belgique. Huchemin par exemple, qui à l'école n'avait l'air de rien, était le
cousin d'un aviateur et avait un oncle qui travaillait à
l'arsenal de Toulon. Parfois, on annonçait la visite d'un
parent demeurant à la porte d'Italie ou à Épinal. Un jour,
une famille de cinq personnes venue de Clichy se trouva
réunie autour du lit de Naudin, et il en restait à la maison.

Germaine Buge, elle, était toujours seule au chevet
d'Antoine et n'apportait de nouvelles de personne. Il n'y
avait dans leur vie ni oncles, ni cousins, ni amis. Intimidés
par ce dénuement et par la présence et par la loquacité des
voisins, ils ne retrouvaient jamais l'abandon et la liberté du
premier jour. Germaine parlait de ses ménages, mais
brièvement, avec la crainte que ses paroles ne fussent entendues par Frioulat ou par sa mère, car elle soupçonnait
qu'il pouvait être désobligeant, pour un fils de commerçants, d'être le voisin de lit du fils d'une femme de ménage.
Antoine s'inquiétait de ses repas, lui recommandait de ne pas
trop dépenser en bonbons et en journaux illustrés, et
craignait aussi d'être entendu. Ils parlaient presque à voix
basse et la plus grande partie du temps restaient silencieux à
se regarder ou distraits par les conversations à haute voix.

Un après-midi, après l'heure des visites, Frioulat, ordinairement bavard, demeura longtemps muet, le regard fixe,

of overflowing and almost unbelievable richness. These conversations evoked pictures of a complicated existence abounding in brothers, sisters, cats, dogs and canaries, and extending to the neighbours over the way, to the uttermost ends of the *quartier*, to the uttermost ends of Paris itself, to the suburbs, to the provinces and even abroad. There was mention of Uncle Émile, of Aunt Valentine, of cousins at Argenteuil, of letters arrived from Clermont-Ferrand or from Belgium. For example, Huchemin, who at school didn't amount to anything at all, had a cousin who was an air pilot and an uncle who worked in the arsenal at Toulon. Now and then a relation called who lived at the Porte d'Italie or at Épinal; and one day a family of five came from Clichy to sit around Naudin's bed, and what's more there were more of them at home.

Germaine was always alone at Antoine's bedside, and she had no tales to tell of anyone. There were no uncles or cousins or friends in their life. Oppressed by the sense of their impoverishment, and by the presence and volubility of the others, they never again recovered the ease and un-constraint of the first day. Germaine talked a little of her visits to different households, but only briefly, fearing lest she should be overheard by Frioulat or his mother, for she suspected that it might be distasteful to a son of shopkeepers to be lying in the next bed to the son of a domestic help. Antoine worried about her meals and begged her not to spend too much on sweets and comics, also fearing lest he should be overheard. They talked almost in a whisper, and most of the time remained silent, gazing at one another, or with their attention distracted by the loud-voiced conversations going on around them.

One afternoon when the visiting period was over, Frioulat, generally so talkative, stayed quiet for a long time, gazing abstractedly at nothing as though in a state of

comme ébloui. A Antoine qui lui demandait ce que signifiait son silence, il se contenta d'abord de répondre :

– Mon vieux, c'est formidable.

Il exultait visiblement, et toutefois son bonheur semblait traversé par un remords qui l'arrêtait au bord des confidences. Enfin, il s'y décida :

– J'ai tout raconté à ma mère. Elle va me les acheter. Je les aurai en rentrant chez moi.

Antoine en eut froid au cœur. Les bottes n'étaient déjà plus ce trésor commun où chacun avait pu puiser sans risque d'appauvrir le voisin.

– Je te les prêterai, dit Frioulat.

Antoine secoua la tête. Il en voulait à Frioulat d'avoir parlé à sa mère de ce qui aurait dû rester un secret d'écoliers.

Au sortir de l'hôpital, Mme Frioulat se fit conduire en taxi rue Élysée-des-Beaux-Arts où elle n'eut pas de mal à reconnaître la vitrine que son fils venait de lui décrire. Les bottes y étaient toujours en bonne place. Elle s'attarda quelques minutes à examiner le bric-à-brac et les références manuscrites. Ses connaissances en histoire étaient fort peu de chose, et le stylographe de Campo-Formio ne l'étonna nullement. Elle ne prisait pas beaucoup ce genre de commerce, mais la vitrine lui fit plutôt bonne impression. Une pancarte surtout lui inspira confiance, celle qui portait l'inscription :

'On ne fait crédit qu'aux riches.'

Elle jugea l'avertissement maladroit, mais le marchand lui parut avoir de bons principes. Elle poussa la porte et vit, sous l'ampoule électrique qui éclairait la boutique, un petit vieillard fluet, assis en face d'un grand oiseau empaillé, avec lequel il semblait jouer aux échecs. Sans se soucier de l'entrée de Mme Frioulat, il poussait les pièces sur l'échiquier,

enchantment. When Antoine asked him the meaning of his silence he at first only replied:

'Something marvellous!'

He was visibly exultant, yet his rapture seemed to contain an element of remorse which held him back on the verge of confidences. At length he could keep silent no longer.

'I told my mother about them. She's going to buy them for me. I shall have them when I get home.'

A chill pierced Antoine to the heart. The boots in that instant ceased to be a treasure belonging to them all, upon which each could draw without robbing his neighbour.

'I'll lend them to you,' said Frioulat.

Antoine shook his head. He could not forgive Frioulat for having told his mother of something which should have remained a secret among them.

Upon leaving the hospital, Mme Friolat took a taxi to the rue Élysée-des-Beaux-Arts, where she had no difficulty in finding the shop her son had described to her. The boots were still in the window. She stood for a few minutes gazing at the other objects and their labels. Her knowledge of history was slight in the extreme, and the Campo-Formio fountain-pen caused her no astonishment. She did not think highly of this kind of trade, but the window nevertheless impressed her favourably on the whole. One notice in particular inspired her with confidence, the one which read:

'Only the rich are allowed credit.'

Although the warning seemed to her tactless, the shop-keeper's principles were evidently sound. She pushed open the door and saw, by the light of the electric bulb that lit the shop, a little, skinny old man seated facing a big, stuffed bird with which he seemed to be playing a game of chess. Without paying any heed to Mme Frioulat's entrance he

jouant tantôt pour lui, tantôt pour son compagnon. De temps à autre, il faisait entendre un ricanement agressif et satisfait, sans doute lorsqu'il venait de jouer pour son propre compte. D'abord ébahie, Mme Frioulat songeait à manifester sa présence, mais soudain le vieillard, à demi dressé sur son siège, l'œil étincelant et l'index menaçant la tête de l'oiseau, se mit à glapir :

– Vous trichez ! Ne mentez pas ! Vous venez encore de tricher. Vous avez subrepticement déplacé votre cavalier pour couvrir votre reine qui se trouvait doublement menacée et qui allait être prise. Ah ! vous en convenez pourtant. Cher monsieur, j'en suis bien aise, mais vous savez ce qui a été entendu tout à l'heure, je confisque donc votre cavalier.

Il ôta en effet une pièce de l'échiquier et la mit dans sa poche. Après quoi, regardant l'oiseau, il eut un rire de gaîté qui dégénéra en une crise de fou rire. Il était retombé sur sa chaise et, penché sur le jeu d'échecs, les mains en croix sur la poitrine, les épaules secouées, riait presque sans bruit, ne laissant passer, de loin en loin, qu'un son aigu, comparable au cri d'une souris. Mme Frioulat, un peu effrayée, se demandait si elle ne ferait pas mieux de gagner la porte. Le vieillard finit par reprendre son sérieux, et s'essuyant les yeux, il dit à son étrange personnage :

– Excusez-moi, mais vous êtes trop drôle quand vous faites cette tête-là. Je vous en prie, ne me regardez pas, je sens que je partirais à rire encore un coup. Vous ne vous en doutez peut-être pas, mais vraiment, vous êtes impayable. Tenez, je veux bien oublier ce qui s'est passé. Je vous rends votre cavalier.

Il tira le cavalier de sa poche et, l'ayant remis en place, s'absorba dans l'examen de l'échiquier.

Mme Frioulat hésitait encore à prendre un parti. Con-

went on moving the pieces on the board, playing in turn for himself and his opponent. Every now and then he uttered a truculent and satisfied chuckle, no doubt after he had made a move on his own account. Recovering from her first astonishment, Mme Frioulat was about to draw attention to herself when the old man, half-rising from his chair, his eyes gleaming and his finger pointed threateningly at the bird, burst into a torrent of piping abuse:

'You cheated! Don't lie to me! You have just cheated again. You deliberately shifted your knight to cover your queen when she was attacked by two of my pieces and was just about to be taken. Aha, you admit it, do you? Well, don't worry, my dear sir. You know what we agreed. I hereby confiscate your knight.'

He removed a piece from the board and put it in his pocket, after which, gazing at the bird, he uttered a chuckle that turned into a positive convulsion of laughter. He had fallen back on his chair, and, leaning over the board with his hands crossed on his chest and his shoulders shaking, he laughed almost silently, only occasionally allowing a small shrill sound to escape him, like the squeak of a mouse. Mme Frioulat, somewhat alarmed, was now wondering whether she would not do better to withdraw. The old man finally recovered his gravity, and wiping his eyes said to his strange companion:

'I'm sorry, but you look so extremely funny with that expression on your face. Please don't go on glaring at me, or I shall start laughing again. You may not realize it, but you're really quite ludicrous. However, I'm prepared to overlook what happened. I'll give you back your knight.'

He got the knight out of his pocket, and after restoring it to its place became absorbed in his study of the chessboard.

Mme Frioulat still hesitated to make a stand. But re-

sidérant qu'elle avait fait les frais d'un taxi pour venir à cette boutique, elle se décida à rester et, crescendo, toussa plusieurs fois. A la troisième, le marchand tourna la tête et la regardant avec une curiosité qui n'était pas exempte de reproche, lui demanda :

– Vous jouez sans doute aux échecs?

– Non, répondit Mme Frioulat que la question troublait. Je ne sais pas. Autrefois, je jouais aux dames. Mon grand-père était très fort.

– Bref, vous ne jouez pas aux échecs.

Pendant quelques secondes, il l'examina comme une énigme, avec étonnement et perplexité, semblant se demander pourquoi elle était là. Le problème lui parut insoluble et probablement dénué d'intérêt, car il eut un geste d'indifférence et, revenant à ses échecs, dit en s'adressant à l'oiseau :

– A vous de jouer, monsieur.

Mme Frioulat, décontenancée par l'accueil et par la désinvolture de ce singulier commerçant, resta un moment interdite.

– Ah! ah! dit le vieillard en se frottant les mains. La partie devient intéressante. Je suis curieux de savoir comment vous allez vous tirer de ce mauvais pas.

– Je vous demande pardon, risqua Mme Frioulat, mais je suis une cliente.

Cette fois, le marchand eut un regard de stupéfaction.

– Une cliente!

Un moment, il resta pensif puis, se retournant vers l'oiseau, lui dit à mi-voix :

– Une cliente!

Rêveur, il considérait l'échiquier. Soudain son visage s'éclaira.

flecting that her visit had cost her the price of a taxi she decided to stay, and coughed several times on a rising note. At the third cough, the curio dealer turned to look at her with an expression of curiosity containing more than a hint of disapproval.

'You play chess, of course?' he said.

'No,' said Mme Frioulat, disconcerted by the question. 'I don't know how. But I used to play draughts. My grandfather was very good.'

'In short, you don't play chess.'

For some moments the old man gazed at her with an air of astonishment and perplexity, as though he found her a phenomenon hard to account for and was wondering how she got there. Appearing to conclude that the problem was insoluble and in any case lacking in interest, he shrugged his shoulders and turned back to the board saying courteously to the bird:

'It's your move, my dear sir.'

Mme Frioulat was so taken aback by her reception, and by the indifference of this singular tradesman, that for the moment she was speechless.

'Aha,' said the old man, rubbing his hands. 'The game's getting interesting. I'm most curious to see how you will get out of your very difficult position.'

'Excuse me,' Mme Frioulat ventured. 'I'm a customer.'

This time the curio dealer turned to gaze at her in stupefaction.

'A customer!'

He was pensive for a moment, and then turning to the bird he murmured to him:

'A customer!'

After which he sat dreamily considering the chess-board, until suddenly his face cleared:

– Mais je n'avais pas vu que vous veniez de jouer votre tour. De plus en plus intéressant. Voilà une parade superbe et à laquelle j'étais loin de m'attendre. Mes compliments. La situation est complètement retournée. Cette fois, c'est moi qui suis menacé.

Le voyant de nouveau absorbé par le jeu, Mme Frioulat se jugea offensée et dit en haussant la voix :

– Je ne vais tout de même pas perdre mon après-midi à attendre votre bon plaisir. J'ai autre chose à faire.

– Mais enfin, madame, que désirez-vous?

– Je suis venue pour savoir le prix de la paire de bottes qui est en vitrine.

– C'est trois mille francs, déclara le marchand sans lever le nez de l'échiquier.

– Trois mille francs! Mais vous êtes fou!

– Oui, madame.

– Voyons, trois mille francs pour une paire de bottes, mais c'est impossible! Vous ne parlez pas sérieusement.

Cette fois, le vieillard se leva, irrité, et se campant devant la cliente :

– Madame, oui ou non, êtes-vous décidée à mettre trois mille francs dans cette paire de bottes?

– Ah! non, s'écria Mme Frioulat avec véhémence, bien sûr que non!

– Alors, n'en parlons plus, et laissez-moi jouer aux échecs.

En apprenant qu'il allait entrer en possession des bottes de sept lieues, les compagnons de Frioulat manifestèrent un mécontentement si vif qu'il éprouva le besoin de les rassurer.

S'il en avait parlé à sa mère, disait-il, c'était sans le faire exprès. Du reste, elle n'avait rien promis. Simplement, elle n'avait pas dit non. Mais en se rappelant la joie insolente qu'il avait eu l'imprudence de laisser paraître, on avait du mal à se rassurer. Pendant une journée, il fut presque en

'I hadn't noticed that you'd played your rook. That makes it more interesting than ever. A masterly reply, and one which I was far from anticipating. My compliments, my dear sir. The situation is now completely reversed. I am the one who is in danger.'

Seeing him again absorbed in the game, Mme Frioulat decided to take offence and said in a louder voice:

'I can't afford to stand here all afternoon waiting till it suits you to serve me. I've other things to do.'

'Well, but what do you want, Madame?'

'I came to ask the price of the pair of boots in the window.'

'Three thousand francs,' said the curio dealer without looking up from the board.

'Three thousand! You must be mad!'

'Exactly, Madame.'

'Three thousand for a pair of boots! But it isn't possible. You can't be serious.'

This time the old man rose in annoyance, and planting himself in front of her, demanded:

'Madame, are you prepared to pay three thousand francs for that pair of boots or are you not?'

'Certainly not!' cried Mme Frioulat vehemently. 'Most decidedly not!'

'Then we need not discuss the matter any further. Will you kindly allow me to go on with the game?'

Frioulat's companions, when they learned that he was to become the possessor of the seven-league boots, were so indignant that he felt it necessary to placate them.

He explained that he had not really intended to tell his mother about the boots, and that it had just slipped out. And anyway she hadn't promised anything. She just hadn't said no. Remembering the look of triumph which he had not been wise enough to conceal, the others were by no

quarantaine. On ne lui répondait que du bout des lèvres. Pourtant, le besoin d'espérer finit par être le plus fort. Tout en restant un peu inquiet, on se persuadait que la menace était des plus incertaines. Peu à peu, on parla moins volontiers des bottes et bientôt il n'en fut plus question, du moins ouvertement.

A force de méditer l'exemple de Frioulat, chacun se mit à espérer pour son propre compte et à tirer des plans. Un après-midi, après le départ de sa mère, Huchemin montra un visage rayonnant de bonheur et durant toute le soirée se retrancha dans un mutisme émerveillé. Le lendemain, ce fut le tour de Rogier et de Naudin à être heureux.

Frioulat fut le premier qui sortit de l'hôpital, et comme les autres lui faisaient promettre de venir les voir, il répondit :

– Vous pensez, qu'est-ce que ce sera, pour moi, de venir jusqu'ici !

Durant le trajet de l'hôpital à la maison, qu'il fit avec son père, il ne posa pas de questions, ne voulant point, par délicatesse, gâter à ses parents le plaisir de lui faire la surprise. En arrivant chez lui, personne ne lui parla des bottes, mais il n'en eut point d'inquiétude. Le matin, ses parents étaient occupés à l'épicerie. Sans doute, se réservaient-ils de les lui offrir au moment du repas. En attendant, il alla jouer dans une petite cour à laquelle on accédait par l'arrière-boutique, et se fabriqua un avion de chasse. Il disposait d'éléments variés : caisses, tonneaux, bouteilles, boîtes de conserves entreposés dans la cour. Dans une caisse vide, il installa les instruments de bord, boîtes de saumon et de petits pois, et se fit une mitrailleuse d'une bouteille de cognac. Il naviguait à douze cents mètres, et le ciel était pur, lorsqu'il vit poindre un avion ennemi. Sans perdre la tête une seconde, il monta en chandelle jusqu'à deux mille cinq cents mètres. L'ennemi

means reassured. For a whole day he was practically sent to Coventry. They spoke to him only in monosyllables. But in the end the need to hope was stronger than misgiving. Although they were still uneasy, they managed to persuade themselves that the danger was only slight. By degrees they talked less readily about the boots, and in the end the subject was dropped, at least as a matter of conversation.

But inspired by Frioulat's example, each began to have hopes of his own and to make plans. One afternoon, after his mother's departure, Huchemin displayed a glowing countenance, and all that evening remained locked in triumphant silence. The next day it was the turn of Rogier and Naudin to rejoice.

Frioulat was the first to leave the hospital, and when the others made him promise to come and see them he said:

'It isn't going to be much trouble to *me* to come this little bit of a way!'

During the journey home, on which he was accompanied by his father, he tactfully refrained from asking questions, not wanting to deprive his parents of the pleasure of giving him a surprise. No mention was made of the boots when they arrived, but this did not trouble him. His parents were busy in the shop all morning. No doubt they were saving them up to give him at lunch-time. Meanwhile he went out into the small yard at the back of the shop and made himself a fighter-plane, for which purpose there were ample materials at his disposal – packing-cases, barrels, bottles and tins stacked in the yard. Having rigged up an instrument board of salmon and fruit tins in an empty packing-case, and made a machine gun out of a bottle of brandy, he was flying at four thousand feet in a clear sky when suddenly he spotted a hostile plane. Without losing his head for a second he zoomed up to eight thousand feet. The enemy didn't see him

ne se doutait de rien et volait tranquillement, Frioulat fondit sur lui et mit sa mitrailleuse en action, mais comme il se penchait sur le rebord de la caisse, la bouteille de cognac lui échappa des mains et se brisa sur le pavé. Nullement consterné, il murmura en serrant les dents :

– La vache ! il m'a flanqué une balle en plein dans ma mitrailleuse.

Mme Frioulat, qui se trouvait dans l'arrière-boutique, fut alertée par le bruit et vit les débris de la bouteille au milieu d'une flaque de cognac.

– C'est trop fort, gronda-t-elle. Tu n'es pas sitôt rentré à la maison que tu recommences à être intenable. Si au moins tu avais pu rester où tu étais. Une bouteille de cognac supérieur qui vient encore d'être majorée de dix pour cent. Je me proposais d'aller acheter les bottes cet après-midi, mais tu peux leur dire adieu. Ce n'est plus la peine d'en parler. D'ailleurs, cette idée de vouloir à tout prix me faire acheter des bottes, c'est ridicule. Tu en as déjà une paire en caoutchouc qui est presque toute neuve.

Rogier quitta l'hôpital deux jours plus tard. Chez lui, lorsqu'il se décida à parler des bottes, toute la famille parut surprise. Sa mère se souvint pourtant de la promesse qu'elle avait faite et murmura : 'Des bottes, oui, en effet.' La voyant ennuyée, le père prit la parole : 'Les bottes, dit-il, c'est très joli, mais nous en reparlerons quand tu travailleras un peu mieux en classe. Il ne suffit pas de se casser une jambe pour avoir tous les droits. Quand tu étais au lit, ta mère t'a fait certaines promesses, c'était bien. Mais maintenant, tu es guéri. Te voilà en bonne santé. Il ne s'agit plus à présent que de rattraper le temps perdu. A la fin de l'année, si tu as bien travaillé, tu en seras récompensé par la satisfaction d'avoir bien travaillé et alors, on pourra peut-être voir, envisager, réfléchir. Rien ne presse, n'est-ce pas ? Travaille d'abord.'

and went on flying all unawares. Frioulat swooped down with his machine gun in action, but as he leaned over the edge of the packing-case the bottle of brandy slipped from his hands and was smashed on the stones of the yard. In no way disconcerted, he muttered between his clenched teeth:

'The swine! He's knocked out my machine gun!'

Mme Frioulat, who was in the room at the back of the shop, heard the crash and looked out to see the fragments of the bottle lying in a pool of brandy.

'Well, if it isn't the limit!' she exclaimed. 'The instant you come home you start getting up to mischief. It's a great pity you didn't stay where you were. A bottle of best quality cognac that's just gone up ten per cent! I was thinking of going to buy those boots for you this afternoon, but now you'll have to do without them. You certainly shan't have them now. Anyway, it was perfectly silly, all that fuss about another pair of boots. You've already got a rubber pair that's practically new.'

Rogier left hospital two days later. When, upon arriving home, he brought himself to mention the boots, the whole family gazed at him in surprise. His mother, recalling the promise she had made him, murmured, 'Oh, yes – boots', and noting her slight embarrassment, his father said: 'I'm sure it would be very nice for you to have a new pair of boots, but we'll talk about that when your school-work has improved. You needn't think you can ask for anything you like just because you broke your leg. I'm not saying your mother didn't promise you a pair when you were in bed, but you're better now. You're perfectly well again. And now what you've got to think about is making up for lost time. At the end of the year, if you've done your work well, you will have the satisfaction of knowing that you've done it well, and then perhaps we can see about these boots and

Naudin, qui rentra chez lui le surlendemain, y trouva la même déception, mais moins enveloppée. Comme il interrogeait ses parents, sa mère, qui la veille encore avait renouvelé sa promesse, répondit, l'air distrait : 'Demande à ton père.' Et celui-ci murmura : 'Oh ! les bottes !' sur un ton d'indifférence aussi résolue que si sa femme avait prétendu l'intéresser aux causes de la guerre de Trente Ans.

Antoine et Huchemin, dont les lits étaient voisins, restèrent encore une semaine à l'hôpital après le départ de Naudin. Leur isolement au milieu de nouveaux venus favorisa une intimité qui fut pour Antoine une épreuve souvent très pénible.

Durant cette semaine-là, il eut encore beaucoup à souffrir de sa pauvreté. Ne trouvant pas dans sa propre vie de quoi étoffer des confidences, il lui fallait écouter celles de Huchemin sans pouvoir y répondre autrement que par des commentaires. Rien n'est plus déprimant que le rôle de confident pauvre. Chacun sait, par exemple, que le vrai drame, dans la tragédie classique, est celui des confidents. C'est pitié de voir ces braves gens, à qui il n'arrive jamais rien, écouter avec une résignation courtoise un raseur complaisant à ses propres aventures. Huchemin, qui découvrait la douceur de pouvoir ennuyer un confident, débordait d'amitié et d'anecdotes sur les membres de sa famille. Ce qui l'incitait particulièrement à parler de ses oncles et de ses tantes, c'était l'espoir qu'il mettait en eux. Sachant par les expériences de Frioulat, de Rogier et de Naudin, qu'il ne fallait guère compter sur la promesse des père et mère, il voulait croire qu'il y avait plus de vertu chez les oncles et les tantes. A l'entendre, les siens étaient prêts à se disputer l'honneur de lui acheter les bottes de sept lieues. Antoine avait les oreilles toutes pleines de ces oncles Jules, Marcel, André, Lucien, de

think the matter over. But there's no hurry, is there? Work is the great thing.'

Naudin, who went home the following day, encountered a similar disappointment, although in his case it was less wrapped up. When he raised the subject his mother, who had repeated her promise only the day before, said vaguely, 'You'd better ask your father', and his father said 'Boots!' in a tone of as much indifference as if his wife had sought to arouse his interest in the causes of the Thirty Years War.

Antoine and Huchemin, whose beds were next to one another, stayed a further week in hospital after the departure of Naudin. Their isolation, surrounded by newcomers, led to an intimacy which was often painful for Antoine.

During that week he had to suffer a great deal more on account of his poverty. Finding little or no matter for confidences in his own life, he was obliged to listen to those of Huchemin without being able to respond to them except with comments. Nothing is more depressing than the role of the humble confidant. Everyone knows, for instance, that in the classic drama it is the confidant who furnish the real tragedy. It is heartrending to observe these noble souls, to whom nothing ever happens, as with a courteous resignation they listen to the sagas of club bores revelling in their own vicissitudes of fortune. Huchemin, discovering the delight of having someone to bore, overflowed with friendliness and anecdotes about members of his family. What prompted him especially to talk about his uncles and aunts was the hope he placed in them. Having learned by the experience of Frioulat, Rogier and Naudin that the promises of fathers and mothers were not to be relied on, he chose to believe that there was a greater virtue in aunts and uncles. He talked, indeed, as though his own were positively fighting for the privilege of presenting him with

ces tantes Anna, Roberte ou Léontine. Le soir, à l'heure où les autres dormaient, il lui arrivait plus souvent et plus longuement qu'à l'ordinaire de réfléchir à l'étrangeté de son destin à lui, qui était de n'avoir oncle, tante, ni cousin au monde. A moins d'être orphelin, ce qui n'est du reste pas bien rare, il n'aurait pu imaginer famille plus réduite que la sienne. C'était attristant et lassant. Un jour, Antoine eut plein le dos d'être pauvre et confident. Comme Huchemin lui parlait d'une tante Justine, il l'interrompit et lui dit avec désinvolture :

— Ta tante Justine, c'est comme toute ta famille, elle ne m'intéresse pas beaucoup. Tu comprends, j'ai assez à faire à penser à mon oncle qui rentre d'Amérique ces jours-ci.

Huchemin ouvrit les yeux ronds et s'exclama :
— D'Amérique ?
— Eh bien, oui, mon oncle Victor.

Antoine était un peu rouge. Il n'avait pas l'habitude de mentir. Sa vie était si simple qu'il n'en éprouvait pas le besoin. Pressé de questions, il fut obligé de soutenir et de développer ce premier mensonge et ce fut sans déplaisir qu'il construisit le personnage de l'oncle Victor. Plus qu'un jeu, c'était une revanche sur la vie et c'était la vie même, tout d'un coup abondante et débordante. L'oncle Victor était un être prestigieux, beau, brave, généreux, fort, ayant son certificat d'études, tuant une personne par semaine et jouant délicieusement de l'harmonica. Assurément, il était homme à se couper en quatre et, en cas de besoin, à passer sur le ventre d'une famille innombrable, pour procurer à son neveu les bottes dont il aurait envie. Et ce n'était pas le prix qui l'arrêterait jamais non plus. Antoine, après avoir

the seven-league boots. Antoine was overwhelmed with tales of Uncle Jules, Uncle Marcel, Uncle André and Uncle Lucien, and of Aunts Anna, Roberte and Léontine. At night, when the others were asleep, he found himself musing more often than he ordinarily did, and at great length, on the strangeness of his own lot, which was that of having not a single aunt, uncle or cousin in the world. Except in the case of orphans, which are, however, not very rare, he could not conceive of a smaller family than his own. It was saddening and discouraging. A day came when he grew sick of being poor and a mere confidante. When Huchemin began to talk about a certain Aunt Justine he cut him short, saying calmly:

'Your Aunt Justine's just like the rest of your family, and I'm not very interested in her. If you want to know, I've got enough to do thinking about my uncle who's due home any day now from America.'

Huchemin opened his eyes wide and exclaimed:

'From America?'

'Yes. My Uncle Victor.'

Antoine was a little pink. He was not in the habit of lying. His life was so simple that he had never felt the need for it. Being now assailed with questions he had to sustain and expand his lie, and it was with no displeasure that he built up the character of Uncle Victor. The thing became more than a game; it became an act of revenge upon life, and then life itself, suddenly abounding and overflowing. Uncle Victor became a towering figure, handsome, brave, generous and strong, who had passed all his examinations, who killed someone every week and played marvellously on the mouth-organ. Just the sort of man, in short, to undertake the most heroic exertions, and fly in the face of the most numerous of families, in order to procure for his nephew a pair of boots he wanted. And he wouldn't worry about the

langui si longtemps dans un rôle de confident, se déchaînait maintenant avec un enthousiasme et une assurance qui ravageaient le cœur de Huchemin. Celui-ci n'entretenait plus qu'un espoir timide.

Le lendemain matin, Antoine avait la conscience endolorie et regrettait d'avoir cédé la veille à son imagination impatiente. L'oncle Victor était gênant, lourd, indiscret, effrayant aussi par l'importance qu'il avait déjà. Antoine essaya de l'oublier et de l'ignorer, mais l'oncle avait une personnalité forte et originale qui s'imposait. Peu à peu, il s'y habitua et, les jours suivants, il s'accommoda si bien de ce compagnon qu'il n'aurait pu se passer d'en parler. Sa conscience ne le talait presque plus, sauf aux heures de visite, lorsque sa mère était là. Il aurait souhaité lui faire connaître l'oncle Victor et l'enrichir, elle aussi, de cette parenté magnifique, mais il ne savait comment s'y prendre. Il ne pouvait lui demander de se faire la complice d'un mensonge. Il avait bien pensé au conditionnel enfantin : 'On aurait un oncle, il serait en Amérique, il s'appellerait l'oncle Victor.' Mais sa mère, qui avait eu sans doute une enfance plus dure que la sienne, était fermée à toute notion de jeu. De son côté, Germaine Buge soupçonnait un mystère et ils souffraient tous les deux de ne pouvoir communiquer.

Antoine voyait venir avec une vive appréhension le temps de sortir de l'hôpital. Ses amis lui diraient : 'Tiens, ton oncle est rentré d'Amérique, mais les bottes sont toujours dans la vitrine.' Répondre que l'oncle Victor avait retardé son voyage au dernier moment, c'était dangereux. Un héros, s'il n'est pas là où l'on a besoin de sa valeur, n'est qu'un mensonge ou une illusion. Les copains diraient 'Mon œil,' diraient 'Chez qui?', diraient 'Ton oncle, des fois, il ne serait pas dans le cinéma?'

price either. Having languished so long in the role of confidant, Antoine now let himself go with an enthusiasm and
assurance that pierced Huchemin to the heart, leaving him
with only the faintest ray of hope.

On the following day Antoine awoke with a guilty conscience, wishing he had not let imagination run away with
him. Uncle Victor became an embarrassment, overblown
and somewhat alarming because of the importance he had
come to assume. Antoine tried to forget and ignore him,
but so powerful and original was his uncle's personality
that he could not be thus set aside. So Antoine had to get
used to him, and during the days that followed he grew so
accustomed to his new companion that he could not have
done without talking about him. Conscience no longer
pricked him, except in visiting hours, when his mother was
there. He would have liked to introduce her to Uncle Victor
so that she, too, might be enriched by this magnificent relationship, but he did not know how to go about it. He could
not ask her to support him in a lie. He thought of the old
childish formula: 'Let's pretend we have an uncle in America and his name's Uncle Victor.' But his mother's childhood
had no doubt been harder than his own, and her mind was
closed to all notions of play. For her part, Germaine Buge
suspected that he was keeping a secret from her, and both
suffered from their inability to communicate.

Antoine began to view the time for leaving hospital with
feelings of acute apprehension. The other boys would say:
'Well, your uncle must be back from America by now, but
the boots are still in the window.' It would be dangerous to
reply that Uncle Victor's return had been delayed. A hero
who is not on the spot when he is needed is simply a lie or
an illusion. The other boys would say, 'Nuts' and 'Turn it
up' and 'Did you get your uncle out of a book or at the
pictures?'

Antoine et Huchemin quittèrent l'hôpital le même jour, par un matin de pluie glaciale qui faisait regretter la tiédeur des salles. Ils ne partirent pas ensemble. Antoine dut attendre sa mère, retenue par un ménage à la boucherie Lefort. Il en était à souhaiter qu'elle ne vînt pas, tant le personnage de l'oncle Victor lui apparaissait maintenant redoutable. Germaine Buge arriva tard, car, pour ne pas désobliger M. Lefort qui tenait à lui faire faire cinq cents mètres dans sa voiture, elle l'avait attendu près d'une heure à la boucherie.

Antoine, qui faisait ses premiers pas dehors, marchait avec hésitation, les jambes mal habituées. Malgré le vent et la pluie, il ne voulut pas laisser faire à sa mère la dépense d'un taxi et ils entreprirent de rentrer à pied. Ils allaient doucement, mais la montée de Montmartre était rude, le temps couleur d'ardoise, et l'enfant, fatigué, se décourageait. Il n'avait plus la force de répondre aux paroles de sa mère. En pensant aux sept étages qu'il lui faudrait monter, il pleurait sous son capuchon. Mais plus éreintant que l'ascension des étages fut l'arrêt dans la loge de la concierge. Elle le questionnait avec le mépris cordial qu'ont souvent les gens pauvres pour plus pauvres qu'eux et croyait devoir lui parler très fort, comme elle parlait ordinairement aux êtres bornés ou insignifiants. Il dut lui montrer sa jambe, l'endroit où il y avait eu fracture, et fournir des explications. Germaine Buge aurait souhaité abréger la corvée, mais elle craignait de mécontenter un personnage aussi influent. Antoine fut encore obligé de remercier la concierge qui s'offrit le plaisir de lui donner dix sous.

En entrant dans la mansarde, il eut un saisissement, car le papier de tenture avait été changé. Sa mère l'observait, inquiète de l'accueil qu'il ferait à cette surprise. Il sourit avec

Antoine and Huchemin left hospital the same day, on a morning of icy rain which made them sigh for the warmth of the wards. They did not leave together. Antoine had to wait for his mother, who had gone to clean the house of Lefort, the butcher. He almost hoped she would not come, so formidable did the personality of Uncle Victor now appear. Germaine arrived late because she had had to wait nearly an hour at the butcher's shop in order not to offend M. Lefort, who insisted on driving her the five hundred yards in his car.

It was the first time Antoine had been out since the accident, and he walked uncertainly, his legs still weak. Despite the wind and rain he would not let his mother spend money on a taxi, and so they decided to go on foot. They walked slowly, but it was a steep climb up the hill of Montmartre, under a clay-coloured sky, and Antoine grew tired and discouraged. He had not the strength even to answer his mother when she spoke to him, and at the thought of the seven flights of stairs which had to be climbed he wept silently under the hood of his cape. But even more distressing than the stairs was the pause at the concierge's *loge*. She questioned him with the affable condescension which poor people often show to those even poorer than themselves, and she saw fit to talk very loudly, in the voice she was accustomed to use with weak-witted or especially insignificant persons. Antoine was obliged to show her his leg and the place where the break had occurred, and to give her full details of his treatment. Germaine would have liked to shorten the ordeal, but she feared to offend a person having so much influence. Finally he had to thank the concierge, who gratified herself by giving him ten *sous*.

When he entered their garret he had a shock, for the wallpaper was changed. His mother was watching him anxiously, uncertain how the surprise would affect him. He

effort pour dissimuler sa déconvenue. Il s'apercevait, en effet, qu'il avait aimé l'ancien papier, tout écorché qu'il fût et loqueteux et noirci, le motif fondu par l'usure et la crasse. Sur ces murs sombres, ses yeux avaient appris à reconnaître des paysages de sa création et des bêtes et des gens qui bougeaient à la tombée du jour. Le papier neuf, d'un vert pâle, qui semblait déjà passé, était semé de minuscules bourgeons d'un vert plus foncé. Mince et mal collé par un ouvrier de fortune, il paraissait maladif. Germaine Buge avait allumé le feu et, à cause du temps, le poêle fumait, ce qui obligea à ouvrir la fenêtre, par où s'engouffrant le vent et la pluie, il fallut ruser avec les éléments et adopter un compromis. Antoine, assis sur son lit, considérait la vie avec cette lucidité de petit jour que connaissent parfois les enfants au sortir d'une maladie. La table mise, sa mère lui dit, en servant le potage :

— Tu es content?

Et souriante, elle regardait les murs maladifs.

— Oui, dit Antoine, je suis content. C'est joli.

— J'ai bien hésité, tu sais. Il y en avait un autre, rose et blanc, mais c'était salissant. J'avais bien envie de te montrer les échantillons pour que tu choisisses, mais j'ai pensé, pour la surprise, ce serait dommage. Alors, c'est vrai, tu es content?

— Oui, répéta Antoine, je suis content.

Il se mit à pleurer, sans bruit, des larmes qui ne semblaient pas près de tarir, abondantes et régulières. 'Tu as mal? disait sa mère. Tu t'ennuies? Tu regrettes tes camarades?' Il secouait la tête. Se souvenant de l'avoir vu pleurer ainsi sur leur pauvreté, elle lui fit voir que la situation était des plus rassurantes. Elle venait de payer le loyer. De ce côté-là, ils étaient tranquilles pour trois mois. Elle avait trouvé, la

smiled in an effort to conceal his dismay. As he now realized, he had liked the old wallpaper, scratched and torn and
darkened though it was, its pattern almost effaced with
wear and grime. His eyes had been accustomed to seek
out landscapes of his own imagining on those sombre walls,
and the figures of beasts and men which came to life as
twilight fell. The new paper, of a pale green which seemed
already faded, was scattered with little buds of a darker
green. Thin and badly pasted on by some casual odd-job
man, it had a shoddy look. Germaine had lit the fire and
the wind was making the stove smoke, so that the window
had to be opened, which involved the use of stratagems
against the flood of air and rain that came pouring into
the room. Seated on his bed, Antoine looked at life
with that early-morning clarity that comes sometimes to
children when they are recovering from an illness. After
laying the table, his mother said to him as she served the
soup:
'Do you like it?'
Smiling, she looked round at the gimcrack walls.
'It's very nice,' said Antoine. 'I like it very much.'
'I had a job making up my mind. There was another one
I liked, pink and white, but it would have shown the dirt
more. I'd have liked to bring along samples for you to see,
but I didn't want to spoil the surprise. But you do like it,
don't you?'
'Yes,' Antoine repeated, 'I like it.'
And he began to cry soundlessly, in a steady flow of tears
that seemed as though it would never stop. 'Don't you feel
well?' his mother asked. 'Are you unhappy? Are you missing
your friends?' He shook his head. Remembering that she had
seen him cry like this before because of their poverty, Germaine hastened to assure him that they had never been better
off. She had just paid the rent, and so for three months they

semaine précédente, une heure et demie de ménage, le matin très tôt, et l'on était content de son travail.

– Et puis je ne t'ai pas dit, c'est arrivé hier tantôt. Le chien de Mlle Larrisson est crevé. Pauvre Flic, ce n'était pas une mauvaise bête, mais puisqu'il est mort, autant que ce soit nous qui en profitions. A partir de maintenant, je pourrai emporter les restes de Mlle Larrisson. Elle me l'a offert gentiment.

Antoine aurait voulu répondre à ces sourires de la vie par des paroles de reconnaissance, mais il restait accablé et cette mélancolie donnait tant d'inquiétude à sa mère qu'elle hésitait à le laisser seul une partie de l'après-midi. A une heure et demie, le voyant plus apaisé, elle se décida pourtant à aller faire ses deux heures de ménage chez Mlle Larrisson, qui trouva d'ailleurs à redire à la façon dont elle travailla.

Germaine Buge, que tourmentait le secret chagrin d'Antoine, eut l'idée de se rendre à la sortie de l'école et d'interroger quelqu'un de ses camarades. Elle connaissait surtout le petit Baranquin pour s'être trouvée avec lui au chevet d'Antoine ou devant l'hôpital. Le résultat de l'entretien dépassa ses espérances. Baranquin n'hésita pas une seconde quant aux raisons de la mélancolie d'Antoine. D'un seul coup, la mère apprit l'histoire des bottes et celle de l'oncle Victor d'Amérique.

Rue Élysée-des-Beaux-Arts, après s'être perdue dans d'autres rues, Germaine Buge finit par découvrir la boutique de bric-à-brac. L'étalage était éclairé, mais elle ne put ouvrir la porte. Elle essayait encore de tourner le bec-de-cane lorsque le marchand, écartant un coin de la descente de lit qui aveuglait la glace de la porte, lui fit signe de s'éloigner. Germaine ne comprit pas et lui montra les bottes dans la vitrine. Enfin, le vieillard entrebâilla la porte et lui dit :

had no need to worry on this score. And last week she had found a new job, an hour and a half's cleaning very early every morning, and the people were pleased with her work.

'But there's something else I haven't told you, it only happened yesterday. Mlle Larrisson's dog's dead. Poor Flic, he wasn't a bad dog, but seeing that he's dead there's no reason why we shouldn't be the ones to gain by it. From now on I'm to have all Mlle Larrisson's left-overs. She offered them very nicely.'

Antoine would have liked to show a suitable gratitude for these signs of fortune's favour, but he remained plunged in wretchedness. His state of distress so troubled his mother that she was reluctant to leave him alone even for a part of the afternoon. At half past one, however, seeing that he was calmer, she decided to go and do her two hours' cleaning for Mlle Larrisson, who was inclined to be critical of the way she worked.

The cause of Antoine's grief continued to perplex her, and later it occurred to her to go to meet the children as they came out of school in order to question one of his friends. The one she knew best, from having met him at Antoine's bedside or outside the hospital, was little Baranquin. Her talk with him was successful beyond her hopes. Baranquin had no doubt at all as to the reason for Antoine's unhappiness. Within a few minutes she had learned the story of the seven-league boots and Uncle Victor from America.

After losing her way several times, Germaine at length found the curio shop in the rue Élysée-des-Beaux-Arts. The window was lighted, but she could not open the door. She was still trying to turn the handle when the curio dealer, drawing aside a corner of the rug which covered the glass pane, signed to her to go away. Germaine did not understand and pointed to the boots in the window. Finally the old man half opened the door and said:

– Vous ne comprenez pas? le magasin est fermé.

– Fermé? s'étonna Germaine. Il n'est pas six heures.

– Mais le magasin n'a pas ouvert ce matin. C'est aujour-d'hui ma fête. Vous voyez.

Ce disant, il apparut tout entier dans l'ouverture et Ger-maine vit qu'il était en habit et de blanc cravaté. Elle lui expliqua l'objet de sa visite, lui parla d'Antoine qui l'atten-dait chez elle, mais il ne voulut pas l'entendre.

– Madame, je suis au désespoir, mais je vous répète que c'est aujourd'hui ma fête. J'ai justement là un ami qui est venu me voir.

Il jeta un coup d'œil en arrière et ajouta en baissant la voix :

– Il est inquiet. Il se demande à qui je parle. Entrez, et faites comme si vous étiez venue me souhaiter ma fête. Il va être furieux, parce qu'il est horriblement jaloux et que tout en moi lui porte ombrage, mais je ne serai pas fâché de lui donner encore une leçon.

Germaine saisit l'occasion et entra derrière le vieillard. Il n'y avait dans la boutique que le grand oiseau dont lui avait parlé Baranquin. L'échassier lui parut d'autant plus re-marquable qu'il était affublé d'une cravate blanche nouée au milieu de son long cou et d'un monocle qu'un ruban noir attachait à l'une des ailes.

Le marchand cligna de l'œil vers Germaine et lui dit du plus fort qu'il put :

– Princesse, quelle bonté d'avoir bien voulu vous souvenir de votre vieil ami et quelle jolie surprise pour moi.

A la dérobée, il regarda l'oiseau pour juger de l'effet produit par ces paroles et eut un sourire méchant. Germaine, éberluée, ne savait quelle contenance prendre, mais le

'Can't you see the shop's shut?'

'Shut?' exclaimed Germaine in astonishment. 'But it's not six yet.'

'It hasn't been open all day. Today is my birthday. You can see for yourself.'

He opened the door wider to disclose himself entirely, and Germaine saw that he was wearing a morning-coat and white tie. She sought to explain the reason for her visit and to tell him about Antoine, who was waiting for her at home, but he would pay no attention.

'Madame, I am profoundly distressed, but I must repeat that today is my birthday. I am entertaining a friend who has come to visit me.'

He glanced over his shoulder and added, lowering his voice:

'He's uneasy. He'd like to know who I'm talking to. Come in and behave as though you had called to wish me a happy birthday. He'll be furious because he's horribly jealous and everything I do annoys him, but I shan't be sorry to teach him another lesson.'

Seizing the opportunity, Germaine followed the old man into the shop. There was no one there but the big bird about which Baranquin had told her, and which appeared to her the more remarkable in as much as it was adorned with a white tie knotted at the middle of its long neck and a monocle hanging by a black ribbon from one of its wings.

The curio merchant winked at Germaine and said in the loudest voice he could muster:

'How kind of you, Princess, to have remembered your old friend, and what a delightful surprise for me!'

He glanced sidelong at the bird to note the effect of these words, and smiled in malice. Germaine in her bewilderment did not know how to react, but the old man's fluency

marchand était d'une loquacité telle qu'il faisait à lui seul les frais de l'entretien, ce qui la mit à l'aise. Au bout d'un moment, il se tourna vers l'oiseau et l'informa d'une voix triomphante :

— La princesse me donne entièrement raison. La maréchale d'Ancre[7] a été la cause de tout.

Oubliant la princesse et lui tournant le dos, il se jeta dans une discussion historique où il ne parut pas avoir l'avantage, car il finit par rester silencieux en regardant l'oiseau avec un air de rancune. Germaine, qui trouvait le temps long, profita de ce silence pour lui rappeler qu'elle était venue dans sa boutique avec l'intention d'acheter les bottes.

— C'est curieux, fit observer le marchand. Depuis quelque temps, on me les demande beaucoup.

— Combien valent-elles?

— Trois mille francs.

Il avait répondu comme distraitement et il ne parut pas prendre garde à l'effarement de la cliente. Tout à coup, il eut un sursaut et s'écria d'une voix indignée en regardant l'oiseau :

— Naturellement, vous n'êtes pas d'accord non plus! Vous trouvez que les bottes ne valent pas trois mille francs. Allons, dites-le, ne vous gênez pas. Aujourd'hui que vous avez un monocle, tout vous est permis.

Après un court silence, il se tourna vers Germaine et lui dit avec un sourire amer :

— Vous l'avez entendu. Il paraît que mes bottes valent tout juste vingt-cinq francs. Eh bien! soit. Emportez-les pour vingt-cinq francs. Il est entendu que je ne suis plus rien ici. Il est entendu que Monsieur est le maître. Prenez-les, madame.

Il alla chercher les bottes dans la vitrine, les enveloppa dans un journal et les tendit à Germaine :

was such that he carried on both sides of the conversation, thus making things easy for her. After a few moments he turned to the bird and announced in a voice of triumph:

'The Princess tells me I am entirely right. The Maréchale d'Ancre was at the bottom of the whole business.'

Forgetting the Princess, and turning his back on her, he plunged into a long historical dispute in which he did not appear to gain the upper hand, since in the end he fell silent, gazing resentfully at the bird. Germaine, who had found this rather tedious, took advantage of the silence to remind him that she had come to his shop to buy the boots.

'It's a strange thing,' observed the old man. 'A number of people have been after them recently.'

What do they cost?'

'Three thousand francs.'

He had answered as though without thinking, and he seemed to take no notice of the customer's consternation. Suddenly he started and, glaring at the bird, cried out indignantly:

'Of course, you don't agree either! You don't think the boots are worth three thousand. Go on, say it – don't mind me! Since you're wearing a monocle today, you can do as you please.'

After a brief silence he turned back to Germaine and said, smiling bitterly:

'You heard? It appears that my boots are worth no more than twenty-five francs. Very well, then, you shall have them for twenty-five francs. Apparently I no longer count for anything in this place. It seems that this gentleman is the master. Well, take them, Madame.'

He went to get the boots out of the window, wrapped them in newspaper and handed them to Germaine.

93

– Misérable, dit-il à l'oiseau, vous me faites perdre deux mille neuf cent soixante-quinze francs.

Germaine, qui ouvrait son porte-monnaie à ce moment-là, fut gênée par cette réflexion. – Je ne voudrais pas profiter, dit-elle au vieillard.

– Laissez donc, murmura-t-il, je vais lui faire son affaire. C'est un envieux et un méchant. Je vais tuer d'un bon coup d'épée.

Tandis qu'il prenait les vingt-cinq frances, Germaine vit sa main trembler de colère. Quand il eut les pièces, il se retourna et, à toute volée, les jeta à la tête de l'oiseau, brisant le monocle dont un fragment se balança au bout du ruban de moire. Puis, sans reprendre haleine, il s'empara d'un vieux sabre qui se trouvait en vitrine et dégaina. Germaine Buge s'enfuit avec ses bottes sans attendre le dénouement. Dehors, elle eut l'idée de prévenir un agent ou au moins un voisin. Il lui semblait que l'oiseau fût vraiment en danger. A la réflexion, elle se dit qu'une pareille démarche était sans utilité et risquait de lui attirer des ennuis.

En voyant les bottes, Antoine devint rouge et heureux et il lui sembla que le triste papier neuf qui tapissait les murs était d'un joli vert pomme de printemps. Le soir, quand sa mère fut endormie, il se leva sans bruit, s'habilla et enfila les bottes de sept lieues. Nuit noire, il traversa la mansarde à tâtons et après avoir ouvert la fenêtre avec de longues précautions, grimpa sur le bord du chéneau. Un premier bond le porta en banlieue, à Rosny-sous-Bois ; un deuxième dans le département de Seine-et-Marne. En dix minutes, il fut à l'autre bout de la terre et s'arrêta dans un grand pré pour y cueillir une brassée des premiers rayons du soleil qu'il noua d'un fil de la Vierge.

'Wretch,' he said to the bird, 'you've made me lose two thousand nine hundred and seventy-five francs!'

Germaine, who was engaged in opening her purse, was disturbed by this thought. 'I wouldn't want to take advantage . . .' she said to the old man.

'Don't worry,' said the old man, 'I shall deal with him. He's filled with envy and malice. I shall dispatch him with a sword-thrust!'

Germaine saw, as he took the twenty-five francs, that his hand was quivering with rage. Directly he had the coins he turned and flung them at the bird's head, breaking the monocle, of which only a fragment remained hanging at the end of the silk ribbon. Then, without an instant's pause, he snatched an old sabre out of the window and unsheathed it. Germaine Buge fled with the boots, without waiting to see what he did next. She wondered for a moment, when she got outside, whether she should call the police or at least summon a neighbour. It seemed to her that the bird was really in danger. But on second thoughts she decided that to do anything of the kind would serve no purpose and might get her into trouble.

At the sight of the boots Antoine turned pink with happiness and the dismal new wallpaper seemed to him to glow with the pretty apple-green of spring-time. That night when his mother was asleep he got up noiselessly, dressed and pulled on the seven-league boots. Feeling his way across the garret in the pitch darkness, he opened the window with infinite precautions and climbed out on to the window-ledge. His first stride took him to Rosny-sous-Bois, in the suburbs, and with his second he reached the *departement* of Seine-et-Marne. In ten minutes he was at the other end of the earth, where he stopped in a great meadow to gather an armful of the first rays of sunshine, tying them with gossamer.

Antoine retrouva facilement la mansarde où il se glissa sans bruit. Sur le petit lit de sa mère, il posa sa brassée brillante dont la lueur éclaira le visage endormi et il trouva qu'elle était moins fatiguée.

He found his way back easily to the garret and slipped in without a sound. On his mother's narrow bed he laid his glittering burden so that its glow lighted her sleeping face, and he thought that she looked less tired.

THE FASHIONABLE TIGER

JEAN FERRY

Translated by Jean Stewart

LE TIGRE MONDAIN

ENTRE toutes les attractions de music-hall stupidement
dangereuses pour le public comme pour ceux qui les présen-
tent, aucune ne me remplit d'une horreur plus surnaturelle
que ce vieux numéro dit du « tigre mondain ». Pour ceux
qui ne l'ont pas vu, car la nouvelle génération ignore ce
que furent les grands music-halls de l'après-guerre précédente, je rappelle en quoi consiste ce dressage. Ce que je ne
saurais expliquer, ni essayer de communiquer, c'est l'état de
terreur panique et de dégoût abject dans lequel me plonge
ce spectacle, comme dans une eau suspecte et atrocement
froide. Je ne devrais pas entrer dans les salles où ce numéro,
de plus en plus rare d'ailleurs, figure au programme. Facile
à dire. Pour des raisons que je n'ai jamais pu éclaircir, « le
tigre mondain » n'est jamais annoncé, je ne m'y attends pas,
ou plutôt si, une obscure menace, à peine formulée, pèse
sur le plaisir que je prends au music-hall. Si un soupir de
soulagement me libère le cœur après la dernière attraction
du programme, je ne connais que trop la fanfare et le
cérémonial qui annoncent ce numéro – toujours exécuté, je
le répète, comme à l'improviste. Dès que l'orchestre attaque
cette valse cuivrée, si caractéristique, je sais ce qui va se
passer ; un poids écrasant me serre la poitrine, et j'ai le fil de
la peur entre les dents comme un aigre courant de bas
voltage[1]. Je devrais m'en aller, mais je n'ose plus. D'ailleurs,
personne ne bouge, personne ne partage mon angoisse, et
je sais que la bête est déjà en route. Il me semble aussi que les
bras de mon fauteuil me protègent, oh, bien faiblement…

D'abord, c'est dans la salle l'obscurité totale. Puis un
projecteur s'allume à l'avant-scène, et le rayon de ce phare

THE FASHIONABLE TIGER

OF all those music-hall turns that are stupidly dangerous for
the audience as well as for the performers, none fills me
with such uncanny horror as that old turn known as 'The
Fashionable Tiger'. For the sake of those who have never
seen it, since the present generation has no notion of what
big music-halls were like in the days after the First World
War, I will describe the performance. But what I can never
explain, nor even try to communicate, is the state of panic-
terror and abject disgust into which that spectacle plunges
me, as though into a pool of impure and horribly cold water.
I ought not to go into theatres where the programme in-
cludes this turn, which as a matter of fact is seldom put on
nowadays. That's easily said. For reasons I have never been
able to fathom, the 'Fashionable Tiger' is never announced
beforehand, so I am never forewarned, or, rather, some obscure, half-conscious sense of uneasiness spoils my enjoy-
ment of the music-hall. If I heave a sigh of relief after the
last turn on the programme, I am only too familiar with the
fanfare and the ceremonial that prelude this performance,
which, as I have said, is always made to seem impromptu.
As soon as the band strikes up that characteristic blaring
waltz I know what is going to happen; a crushing weight
settles on my heart and terror sets my teeth chattering, like
a low-voltage electric current. I ought to go away, but I
dare not. In any case, nobody else is stirring, nobody shares
my anguish, and I know that the beast is on its way. It seems
to me, too, that the arms of my seat protect me, though
very feebly. . . .

At first the house is plunged into complete darkness. Then
a spotlight comes on at the front of the stage and its ludi-

dérisoire vient illuminer une loge vide, le plus souvent très
près de ma place. Très près. De là, le pinceau de clarté va
chercher à l'extrémité du promenoir une porte communi-
quant avec les coulisses, et pendant qu'à l'orchestre les
cors attaquent dramatiquement « L'invitation à la Valse »,
ils entrent.

La dompteuse est une très poignante beauté rousse, un peu
lasse. Pour toute arme, elle porte un éventail d'autruche
noire, dont elle dissimule d'abord le bas de son visage ; seuls
ses immenses yeux verts apparaissent au-dessus de la frange
sombre des vagues onduleuses. En grand décolleté, les bras
nus que la lumière irise d'un brouillard de crépuscule d'hiver,
la dompteuse est moulée dans une robe de soirée romantique,
une robe étrange aux reflets lourds, d'un noir de grandes
profondeurs. Cette robe est taillée dans une fourrure d'une
souplesse et d'une finesse incroyables. Au-dessus de tout cela,
l'éruption en cascades d'une chevelure de flammes, piquée
d'étoiles d'or. L'ensemble est à la fois oppressant et un peu
comique. Mais qui songerait à rire? La dompteuse, jouant
de l'éventail, et découvrant ainsi des lèvres pures au sourire
immobile, s'avance, suivie par le rayon du projecteur, vers
la loge vide, au bras, si l'on peut dire, du tigre.

Le tigre marche assez humainement sur ses deux pattes de
derrière ; il est costumé en dandy d'une élégance raffinée, et
ce costume est si parfaitement coupé qu'il est difficile de
distinguer, sous le pantalon gris à pattes, le gilet à fleurs, le
jabot d'un blanc aveuglant aux plissés irréprochables, et la
redingote cintrée de main de maître, le corps de l'animal.
Mais la tête au rictus épouvantable est là, avec les yeux fous
qui roulent dans leurs orbites pourpres, le hérissement furieux des moustaches, et les crocs qui parfois étincellent sous
les lèvres retroussées. Le tigre avance, très raide, tenant au
creux du bras gauche un chapeau gris clair. La dompteuse
marche à pas balancés, et si ses reins parfois se cambrent, si

crous lighthouse beam shines on to an empty box, usually very close to my seat. Very close. Thence the pencil of light moves to the far end of the lounge and shines on a door opening on to the wings. And while, in the orchestra pit, the horns dramatically attack 'The Invitation to the Waltz', they come in.

The tiger-tamer is a thrilling redhead, with a somewhat languid air. Her only weapon is a fan of black ostrich plumes, with which at first she hides the lower part of her face; only her huge green eyes appear above the dark wavy fringe. In the spotlight her arms gleam with the misty irridescent sheen of a wintry evening; she wears a low-cut, clinging, romantic evening dress, a strange dress with black depths and rich reflections. This dress is made of the finest, supplest fur. Above it all her blazing hair, spangled with gold stars, streams down. The general effect is oppressive and yet slightly comic. But you wouldn't dream of laughing. Flirting with her fan, disclosing her fine-cut lips set in an unaltering smile, the tiger-tamer moves forward, followed by the beam of the spotlight, towards the empty box, on the arm, so to speak, of the tiger.

The tiger walks in a fairly human fashion on his hind legs; he is dressed like the most exquisite of dandies, and his suit is so perfectly cut that one can hardly make out the animal's body underneath the grey trousers with spats, the flowered waistcoat, the dazzling white jabot with its faultless pleats, and the expertly tailored frock coat. But the head is there with its appalling grin, the wild eyes rolling in their crimson sockets, the furiously bristling whiskers, the fangs flashing now and then under the curling lips. The tiger walks forward very stiffly, holding a light grey hat in the crook of his left arm. The woman moves with well-poised steps, and if you see her brace her back, if her bare arm

son bras nu se contracte, faisant apparaître sous le velours fauve clair de la peau un muscle inattendu, c'est que d'un violent effort secret, elle a redressé son cavalier qui allait tomber en avant.

Les voici à la porte de la loge, que pousse d'un coup de griffe, avant de s'effacer pour laisser passer la dame, le tigre mondain. Et lorsque celle-ci est allée s'asseoir et s'accouder négligemment à la peluche fanée, le tigre se laisse tomber à côté d'elle sur une chaise. Ici, d'habitude, la salle éclate en applaudissements béats. Et moi, je regarde le tigre, et je voudrais tant être ailleurs que j'en pleurerais. La dompteuse salue noblement d'une inclinaison de son incendie bouclé. Le tigre commence son travail, manipulant les accessoires disposés à cet effet dans la loge. Il feint d'examiner les spectateurs à travers une lorgnette, il ôte le couvercle d'une boîte de bonbons et feint d'en offrir un à sa voisine. Il sort une pochette de soie, qu'il feint de respirer ; il feint, à la vive hilarité des uns et des autres, de consulter le programme. Puis il feint de devenir galant, il se penche vers la dompteuse et feint de lui murmurer à l'oreille quelque déclaration. La dompteuse feint d'être offensée et met coquettement entre le satin pâle de sa belle joue et le mufle puant de la bête planté de lames de sabre, l'écran fragile de son éventail de plumes. Là-dessus le tigre feint d'éprouver un désespoir profond, et il s'essuie les yeux du revers de sa patte fourrée. Et pendant toute cette lugubre pantomime, mon cœur bat à coups déchirants sous mes côtes, car seul je vois, seul je sais que toute cette parade de mauvais goût ne tient que par un miracle de volonté, comme on dit, que nous sommes tous dans un état d'équilibre affreusement instable, qu'un rien pourrait rompre. Que se passerait-il si dans la loge voisine de celle du tigre, ce petit homme à tournure d'employé modeste, ce petit homme au teint blême et aux yeux fatigués, cessait un instant de vouloir ?

twitches so that an unexpected muscle shows under the pale tawny velvet of her skin, it is because with a secret, violent effort she has jerked up her partner as he was about to fall forwards.

They come to the door of the box and the Fashionable Tiger, pushing it open with his claws, stands aside to let the lady walk in. And when she has taken her seat and is leaning nonchalantly against the shabby plush, the tiger drops into a chair by her side. At this point the crowd usually breaks into ecstatic applause. And I stare at the tiger, almost weeping with longing to be somewhere else. The tiger-tamer greets us majestically, bending her blazing curls. The tiger begins operations, manipulating the properties set out for him in the box. He pretends to examine the spectators through an opera-glass, he lifts the lid of a box of sweets and pretends to offer one to his partner. He takes out a silk sachet and pretends to sniff it; he pretends to consult the programme, to everybody's great amusement. Then he pretends to flirt; he leans over towards the lady and pretends to whisper flattering words in her ear. She pretends to take offence and coquettishly raises her feather fan as a fragile screen between her lovely pale satin cheek and the beast's foul-breathing jaws, fanged with sword-blades. The tiger pretends to be in the depths of despair and wipes his eyes with the back of his furry paw. And during all this sinister dumb-show my heart batters my ribs, for I alone can see and realize that all this vulgar exhibition is only held together by a miracle of will-power, as the saying is: that we are all in a state of such precarious equilibrium that a trifle could shatter it. What would happen if, in the box next door to the tiger's, that pale, weary-eyed little man who looks like a humble clerk were to relax his will for an instant? For he is the real tiger-tamer; the red-haired woman is only a super, everything depends on him. It is he who

Car c'est lui, le vrai dompteur, la femme aux cheveux rouges n'est qu'une figurante, tout dépend de lui, c'est lui qui fait du tigre une marionnette, une mécanique plus sûrement enchaînée que par des câbles d'acier.

Mais si ce petit homme se mettait tout à coup à penser à autre chose? S'il mourait? Nul ne se doute du danger à chaque seconde possible. Et moi qui sais, j'imagine, j'imagine, mais non, il vaut mieux ne pas imaginer à quoi ressemblerait la dame de fourrure si... Mieux vaut regarder la fin du numéro, qui ravit et rassure toujours le public. La dompteuse demande si quelqu'un dans l'assistance veut bien lui confier un enfant. Qui refuserait quoi que ce soit à une aussi suave personne? Il y a toujours une inconsciente pour tendre vers la loge démoniaque un bébé ravi, que le tigre berce doucement au creux de ses pattes pliées, en penchant vers le petit morceau de chair des yeux d'alcoolique. Dans un grand tonnerre d'applaudissements, la lumière se fait dans la salle, le bébé est rendu à sa légitime propriétaire, et les deux partenaires saluent avant de se retirer par le chemin même qui les avait amenés.

Dès qu'ils ont passé la porte, et ils ne reviennent jamais saluer, l'orchestre fait éclater ses plus bruyantes fanfares. Peu après, le petit homme se recroqueville en s'épongeant le front. Et l'orchestre joue de plus en plus fort, pour couvrir les rugissements du tigre, rendu à lui-même dès qu'il a passé les barreaux de sa cage. Il hurle comme l'enfer, se roule en déchiquetant ses beaux habits qu'il faut renouveler à chaque représentation. Ce sont les vociférations, les imprécations tragiques d'une rage désespérée, des bonds furieux et fracassants contre les parois de la cage. De l'autre côté des grilles, la fausse dompteuse se déshabille en grande hâte, pour ne pas rater le dernier métro. Le petit homme l'attend au bistro près de la station, celui qui s'appelle « Au Grand Jamais » [2].

makes the tiger into a puppet, a piece of machinery controlled more firmly than with ropes of steel.

But suppose the little man suddenly began to think of something else? Suppose he died? Nobody suspects the ever-imminent danger. And I know all about it, and I start imagining – but no, better not imagine what the lady in the fur dress would look like if . . . Better watch the end of the turn, which never fails to delight and reassure the spectators. The tiger-tamer asks if anybody in the audience will lend her a baby. Who could refuse such a charmer anything? There's always some nitwit ready to hand over, into that fiendish box, a smiling baby which the tiger cradles gently in his folded paws, yearning over the tiny morsel of flesh with his toper's eyes. Amidst a great thunderstorm of applause, the lights go on in the theatre, the baby is handed back to its rightful owner, and the two partners bow before retiring the same way that they came.

As soon as the door has closed behind them – and they never come back to make a bow – the orchestra breaks out into its loudest fanfares. Soon afterwards the little man crumples up, mopping his brow. And the orchestra plays louder and louder to drown the roars of the tiger, who reverts to his natural state as soon as he is inside his cage. He howls like the damned, he rolls on the ground tearing his fine clothes to rags, so that they have to be renewed at each performance. His hopeless rage finds vent in anguished yells and curses, in wild leaps that batter the walls of the cage. On the other side of the bars the bogus tamer undresses as fast as she can so as not to miss the last train home. The little man is waiting for her at the pub near the station, the one called 'The Blue Moon'.

La tempête de cris que déchaîne le tigre empêtré dans ses lambeaux d'étoffe pourrait impressionner désagréablement, si lointaine soit-elle, le public. C'est pourquoi l'orchestre joue de toutes ses forces l'ouverture de « Fidelio », c'est pourquoi le régisseur, dans les coulisses, presse les cyclistes burlesques d'entrer en scène.

Je déteste ce numéro du tigre mondain, et je ne comprendrai jamais le plaisir qu'y trouve le public.

The storm of howls let loose by the tiger, entangled in his tattered garments, might make an unpleasant impression on the audience, however distantly heard. So the band strikes up the overture to 'Fidelio' with all its strength, and the producer, in the wings, hurries the trick cyclists on to the stage.

I hate the 'Fashionable Tiger', and I shall never understand how people can enjoy watching it.

THE OFFENSIVE

HENRI THOMAS

Translated by Ken Thomson

LA voix du capitaine qui sonnait si haut dans le bureau de la compagnie, naguère, paraissait grêle et faible dans cette forêt. Peut-être était-il réellement enroué, après la nuit de marche sous la pluie, et ce repos d'une heure contre les talus ruisselants du chemin forestier. Mais ce n'était pas une excuse. C'était même, pour Claude, un grave indice de plus, cette sensibilité du capitaine aux intempéries. Tout était faible : la voix du capitaine, cette ridicule petite offensive afin d'aider la Pologne vaincue d'avance, l'armement des troupes, les fortifications qu'on avait laissées derrière soi, – et, derrière ces fortifications, le pays entier, les foyers des paysans, les cafés des villes, les pensées des gens, leurs rêves, leurs raisons, leurs volontés. Que la force était de l'autre côté, au delà des forêts qui barraient sans interruption l'horizon, voilà qui était évident et aurait dû crever les yeux du soldat le plus borné. Au lieu de s'en rendre compte, on attaquait, ridiculement, comme à petits pas, d'arbre en arbre.

– Première section, en avant! dit la voix du capitaine.

La première section s'éloigna à la queue leu leu sous les arbres ; le sergent séminariste la commandait ; Claude le vit partir à longues enjambées, l'air recueilli. Cela devait lui être égal, à lui, de sauter sur une mine.

– Deuxième section, en avant!

Celle-là était commandée par un sergent arabe ; Claude ne se rappelait pas son nom.

La voix du capitaine ne tremblotait plus autant ; elle n'en paraissait que plus grêle.

Claude était de la dernière section, la quatrième. Le com-

THE voice of the captain, which had sounded so loud in the company offices a short time ago, seemed thin and weak in this forest. Perhaps he really had been made hoarse by the night's march in the rain and the one-hour rest against the dripping banks of the forest path. But this was no excuse. In fact for Claude, it was yet another telling sign, this sensitivity of the captain's to bad weather. Everything was weak: the captain's voice, the ludicrous little offensive meant as help to Poland, already defeated, the arming of the troops, the fortifications left behind – and, behind these fortifications, the whole country, peasant homes, small-town cafés, and the thoughts, dreams, reason and will of the people. Even the dullest soldier should have realized that all the strength was on the other side, beyond the forests which blotted out the horizon. Instead of their taking in the situation, the attack was on, ridiculously on, in short scurries, from tree to tree.

'First section, forward!' said the captain's voice.

The first section moved off in single file beneath the trees, the sergeant who had studied for the priesthood in command; Claude saw him leave with long strides and a devout air. It would be all the same to him if he stepped on a mine.

'Second section, forward!'

This section was commanded by an Arab sergeant; Claude did not remember his name.

The captain's voice no longer trembled so much; it just seemed weaker than ever.

Claude was in the last section, the fourth. The order

mandement : – Quatrième section, en avant! l'atteignit directement dans tous les nerfs. Quatrième n'était plus un nombre ordinal quelconque dans la suite des nombres. Quatrième voulait dire lui, Claude.

Il venait en dernier dans la section, chargé d'une besogne de « ravitailleur » dont il n'avait qu'une vague idée et porteur des cisailles à barbelés de la section. Celle-ci était commandée par le sergent corse Fremigacci, qui démarra lourdement, penché en avant, tel le butor qu'il était.

Durant la halte d'une heure dans le chemin forestier, le lieutenant avait raconté que la compagnie avait mission de rejoindre une compagnie du 21ᵉ Tirailleurs engagée dans la forêt et dont on n'avait pas de nouvelles.

– Une autre du 23ᵉ qui monte derrière se lancera demain sur nos traces à nous, avait dit Claude, qui se trouvait dans le petit groupe entourant le lieutenant.

Personne n'avait relevé ses paroles, à croire que personne ne les avait entendues. Cependant, le sergent Fremigacci avait poussé une espèce de grognement rapide, où il y avait peut-être des mots, parmi des jurons corses incompréhensibles.

Depuis quelques jours, Claude haïssait Fremigacci. La compagnie cantonnait encore dans un village lorrain évacué, tout proche de la frontière, lorsque l'antipathie de Claude pour le sergent corse avait tourné à la haine. Claude, s'éveillant un matin dans la grange, avait senti une douleur assez vive au bas de son mollet droit, à l'endroit où la molletière emboîte le brodequin. Il ne regarda pas ce qui la provoquait, à cause de l'ennui de dérouler, puis d'enrouler à nouveau la bande molletière. Mais il se posait des questions à ce sujet, tandis qu'il se dirigeait vers l'abreuvoir afin de se raser. Il traînait un peu la patte[1]. Fremigacci, debout au seuil de la grange, l'avait regardé s'éloigner. La conséquence

'Fourth section, forward!' reached down into every nerve. 'Fourth' was no longer just an ordinal number, one in a series. 'Fourth' meant him, Claude.

He came last in the section, in charge of supplies, of which he had only the vaguest idea, and as bearer of the section's barbed-wire cutters. The section was commanded by the Corsican sergeant, Fremigacci, who moved off heavily, bent forward, like the dolt he was.

During the one-hour halt on the forest track, the lieutenant had explained that the company had a mission to rendezvous with the 21st Company of Light Infantry, engaged in fighting in the forest, from whom there had been no news.

'And another company from the 23rd, right behind us, will start out on our trail tomorrow,' said Claude, who was in the little group surrounding the lieutenant.

Nobody had noticed his words, presumably no one had heard them. Except that Sergeant Fremigacci had let out a slight grunt, which probably included the odd word, amongst incomprehensible Corsican oaths.

For some days now, Claude had hated Fremigacci. His earlier antipathy towards the Corsican sergeant had turned to hate when the company had been billeted in an evacuated Lorraine village, close at hand to the frontier. Waking one morning in the barn, Claude felt a rather sharp pain near the bottom of his right calf, just where the legging covers the boot-laces. He did not look for the source, because of the bother of unrolling the legging and then rolling it up again. But he wondered about it as he made his way to the cattle trough to shave. He dragged his foot a little. Fremigacci, standing at the entrance of the barn, saw him leave. Claude did not have long to wait for the consequences. At

ne se fit pas attendre. A onze heures, ce jour-là, Fremigacci désigna Claude pour aller chercher la soupe. La roulante se trouvait dans un vallon, à un kilomètre au moins en arrière du village. Claude avait fait cette corvée deux jours auparavant ; il savait que son tour ne devait revenir qu'une semaine après. Mais il ne dit rien, il avait immédiatement compris. Une protestation n'aurait servi à rien, ou aurait mené trop loin. Revenant de la roulante avec la bassine de rata pour dix hommes, si difficile à transporter à travers champs, et trois bidons² de vin en bandoulière, il sentait que son pied lui faisait réellement mal ; la douleur l'obligeait à boiter un peu. Même assis dans la grange, au moment du repas, elle se rappelait à lui par des élancements chauds, quand il remuait la jambe.

— Ils n'ont qu'une trentaine de canons, en face, dit Fremigacci, comme le repas s'achevait.

— Et de notre côté, on en a combien ? demanda Claude.

— En allant chercher la soupe, tu n'as pas entendu les grosses pièces de la ligne Maginot ? dit Fremigacci. T'en fais pas, tu auras l'occasion de les entendre.

— C'est pas prouvé, dit Claude.

Plusieurs quarts de vin avaient mis Fremigacci de bonne humeur. Il rigolait :

— Avec toi, c'est jamais prouvé ; mais attends un peu !

On avait quitté le village à la tombée de la nuit, et vers minuit, la compagnie était passée près du poteau frontière abattu, couché en travers du fossé.

*

La distance augmentait entre Claude et le soldat de la section qui le précédait. C'était Dauphin, un coiffeur lyonnais ; il marchait courbé, une lourde musette de cartouches sur chaque flanc, sans se retourner. Quant aux autres soldats de la section, même s'ils s'étaient retournés, ils n'auraient

eleven o'clock that day Fremigacci designated Claude to get
the soup. The canteen was in a small hollow at least a kilo-
metre to the rear of the village. Claude had done this fatigue
two days before; he knew that his turn should not have
come up again for another week. But he said nothing,
having immediately understood. A protest would have got
him nowhere, or would have gone too far. On his way back
from the canteen, with soup rations for ten men, so difficult
to carry across the fields, and with three canteens of wine on
a bandolier, he felt his foot really hurting; the pain made
him limp slightly. Even as he sat in the barn during the meal
it made itself felt again in hot stabs every time he moved his
leg.

'They've only got thirty guns over there,' said Fremigacci,
when the meal was almost finished.

'And how many have we got on our side?' asked Claude.

'Didn't you hear the big guns of the Maginot line on your
way over to get the soup?' said Fremigacci. 'Don't worry,
you'll have the chance to hear them.'

'Don't be too sure,' said Claude.

Several quarts of wine had put Fremigacci in a good
mood. He laughed:

'Nothing's ever sure with you: but just wait a while.'

They left the village at nightfall, and around midnight
the company passed near the overthrown frontier post
lying across the trench.

*

The distance between Claude and the last soldier in the
section was becoming greater. It was Dauphin, a hairdresser
from Lyon; he marched bent over, not turning round, with
a heavy cartridge-pouch on each hip. As for the other
soldiers in the section, even if they had turned round they

pas vu Claude ; les arbres étaient serrés, et le sous-bois coupé de buissons et de hautes fougères. On était sorti des sentiers, et la section suivait un ravin, à mi-pente ; plus loin, le ravin semblait se fermer, et les arbres, où se mêlaient beaucoup de sapins, formaient une barrière sombre.

Les grosses pièces de la ligne Maginot, en effet, on les entendait à présent. Des convois d'obus espacés traversaient le ciel au-dessus de la forêt ; le frou-frou de chaque obus s'achevait en une grosse détonation sourde, très loin derrière la barrière sombre de la forêt. Claude, après quelques instants, avait cessé d'espérer que ce tir s'arrêterait bientôt.

Le passage d'autres obus en sens inverse accrut l'animation du ciel. Mais on n'entendait aucun avion ; le ciel était gris et bas.

Claude ne s'écarta délibérément du reste de la section que lorsqu'il eut entendu le bruit de guêpe, et le « tac » ! de plusieurs balles frappant les arbres. Jusqu'alors, il avait marché le torse à peu près droit ; il ne portait pas de musettes de cartouches comme Dauphin. Il se plia en deux, la crosse de son fusil traînant par terre, et dévia, comme par l'effet de la pesanteur, vers le fond du ravin.

Il descendait d'arbre en arbre, choisissant les plus gros, se couchait contre les racines, se pelotonnait à la base du large tronc, et là, se reposait un moment. Les quatre sections éparses dans la forêt ne devaient pas être tellement en avant de lui ; elles étaient plutôt à la même hauteur, de chaque côté du ravin, à en juger par les voix, qu'il entendait de temps à autre, indistinctement. Ils avaient l'air de s'être arrêtés. Il entendit le déclic d'un fusil-mitrailleur qu'on mettait en batterie, sur sa gauche, et le fusil se mit à tirer. Un autre l'imita aussitôt sur la droite, puis un autre, plus loin à gauche, et encore un autre. Les quatre fusils-mitrailleurs de la compagnie mêlaient leurs bruits en une pétarade continue.

Ils n'étaient pas en avant de Claude ; ils étaient même

would not have seen Claude; the trees grew close together, and bushes and high ferns rose out of the undergrowth. They left the paths, and the section followed a ravine, half-way up the slope; farther on the ravine seemed to close up, and the trees, including many firs, formed a sombre barrier.

The big guns of the Maginot line could certainly be heard now. Streams of shells shot through the sky above the forest; and the whistle of each one ended in a dull explosion a long way past the dark forest barrier. After a short while Claude no longer hoped the firing would soon cease.

Shells shot across from the other direction, animating the sky even more. But there was no plane to be heard; the sky was grey and low.

Claude did not deliberately break away from the rest of the section until he heard the whistle and zip of many bullets biting into the trees. Up till then he had walked with his body almost upright; he was not carrying cartridge-pouches as Dauphin was. He doubled up, dragging his rifle butt along the ground, and, as though forced by gravity, turned towards the bottom of the ravine.

He made his way down from tree to tree, choosing the biggest ones, settled in against the roots, huddled up at the foot of the huge trunk, and rested a while there. The four sections scattered through the forest could not really have been far ahead of him; they were rather at about the same height on both sides of the ravine, to judge from their voices, which he heard faintly at times. They seemed to have come to a stop. On his left he heard the trigger catch of a machine gun being brought into action, and the gun began firing. Another gun started up on his right, and then another farther to the left, and yet another. The noise of the company's four machine gunners mixed in a continual din.

They were not in front of Claude; in fact they were

sensiblement en arrière, car les rafales sifflaient au-dessus de lui ; il avait l'impression qu'elles se croisaient, d'un bord à l'autre du ravin. Il descendit encore, atteignit le fond. Un petit ruisseau coulait parmi d'énormes blocs où pendaient des mousses humides. Claude se glissa entre les rochers, malgré l'embarras du fusil et du sac. Ici, un tir même plongeant de tous les fusils-mitrailleurs ne l'atteindrait pas ; les rochers s'amoncelaient, formant des cachettes dont la pluie n'avait pas touché les parois. Claude enleva son sac de ses épaules, le fourra dans l'un de ces renfoncements, où il s'allongea ensuite, la tête sur le sac, son fusil contre lui. Le tir des fusils-mitrailleurs était maintenant coupé de silences durant lesquels Claude entendait, avec un singulier plaisir, la pluie tomber sur les feuilles mortes et le ruisseau murmurer tout près de lui. Le jour, dans le fond du ravin, était gris comme un crépuscule, et Claude ne voyait plus le ciel. A une grande hauteur, comme dans un autre monde, les projectiles de l'artillerie lourde traînaient toujours leurs bruissements. Puis quelque chose de différent, de beaucoup plus rapproché, se produisit tout à coup : une lueur rapide dans l'obscurité crépusculaire, une détonation suivie d'échos, une autre lueur, une détonation, le craquement d'un arbre atteint, tout en haut de la pente, sur la gauche. L'Allemagne envoyait de petits obus sur le secteur des quatre sections. Les fusils-mitrailleurs se remirent à crépiter paniquement, sans interruption.

Claude souriait. Isolé, en avant de la compagnie, parfaitement à l'abri de ces tirs aveugles, il se rendait très exactement compte de sa position. Elle était bonne. Depuis bien des semaines, il n'avait connu pareille sécurité : depuis les jours qu'il avait passés seul dans la ferme qui servait de base à la compagnie, tandis que celle-ci creusait des tranchées à plusieurs kilomètres de la ferme. Il était de garde au dépôt de vivres, se confectionnait des frites chaque soir, et

considerably behind him, because the gunfire whistled over him; he had the impression they were criss-crossing from one side of the ravine to the other. He went down farther, and reached the bottom. A little stream flowed between enormous rocks hanging with damp mosses. Claude slid between the rocks despite the encumbrance of his rifle and kitbag. Here he could not be hit even by stray shots from any of the machine gunners; the rocks were piled up, forming hiding places whose inner walls had never been touched by rain. Claude took down the bag from his shoulders, and shoved it into a recess where he then lay down, his head on the kitbag, his rifle by his side. The machine-gun volleys were interspersed now with silences, in which Claude heard, with immense pleasure, the sound of rain falling on dead leaves and the stream murmuring near by. Day at the bottom of the ravine was a grey twilight and Claude could no longer see the sky. Way up above, as in another world, the heavy artillery's projectiles went on with their din. Then suddenly something else, and much closer, happened: a rapid flash in the twilight obscurity, an explosion followed by echoes, then another flash, an explosion, the sound of a tree cracking on the top of the left slope. The Germans shot off small shells in the direction of the four sections. In panic the machine gunners started up their firing again, without a break.

Claude smiled. Alone, out in front of the company, quite sheltered from this blind shooting, he sized up his situation. It was good. He had not known such security for weeks; since the days he spent alone in the farm which served as headquarters for the company, when the others were digging trenches several kilometres away. He was guarding the provisions depot, and made himself chips every night, and ate the apples, pears and plums from the neighbouring

mangeait les pommes, les poires et les mirabelles du verger voisin. La guerre était déclarée depuis plusieurs jours, mais on n'avait pas encore entendu un coup de canon, à peine quelques mitraillades d'avions, très haut dans le ciel bleu pâle de la fin de l'automne. Claude pensait à cette époque que la guerre s'arrêterait avant même d'avoir commencé, et, comme il l'avait écrit à un ami, qu'on verrait ensuite Hitler, Staline, Daladier et les autres « vieillir et disparaître sans que rien soit changé, au fond ».

En ce moment, évidemment, la situation était différente et ne correspondait pas à ses prévisions. Le régiment était entré en Allemagne ; ce fond de ravin où Claude était blotti en ce moment, c'était l'Allemagne, et les obus continuaient à éclater, à éclairer, sur les hauteurs du ravin. Au fond, pourtant, la situation n'était pas tellement différente ; elle était plus nette, voilà tout. Là-haut, ils continuaient leurs idioties, et ici, protégé de la pluie comme des éclats d'obus, Claude continuait à réfléchir. La seule chose à faire était de se garer, de rester à l'écart de leurs idioties.

Hitler, Daladier, Staline, qu'ils vieillissent bien ou mal, cela lui était égal. L'important, c'était de se retrouver un jour à Paris, assis sur la berge de la Seine au soleil. Que l'autorité soit allemande ou française, il s'en fichait. Si la véritable guerre se déclenchait, l'autorité serait allemande, il en était certain. Tant pis pour les idiots dans le genre de Fremigacci.

Lorsque Claude se retournait pour changer de position dans son réduit rocheux, le pied droit lui faisait très mal ; l'élancement chaud montait jusqu'au genou.

Prisonnier dans un baraquement au fond de l'Allemagne, les jours passeraient, il songerait à Paris, la guerre finirait, et il se retrouverait à Paris tôt ou tard. Le plus difficile était fait : il s'était séparé de la compagnie, de façon tout à fait

orchard. War had been declared some days before, but not one gun-shot had been heard, only a few bursts from aeroplanes high up in the sky, pale blue at the end of autumn. At that time Claude thought that the war would end even before it started and, as he had written to a friend, that they would see Hitler, Stalin, Daladier and the rest 'grow old and disappear without anything having been fundamentally changed'.

But now the situation was obviously different, and did not correspond with his forecasts. The regiment had entered Germany; the far end of the ravine where Claude at that moment lay in hiding *was* Germany, and shells continued to burst and light up the higher reaches of the ravine. And yet the situation was not essentially that much different; clearer, that was all. Up there they went on with their imbecilities, and here, protected from rain as from shellfire, Claude was turning things over in his mind. The only thing to do was to stand aside, to keep out of the way of their madness.

Hitler, Daladier and Stalin could grow older and get better or worse, it was all the same to Claude. The important thing was to be in Paris once again, sitting on the bank of the Seine in the sun. He did not give a damn whether the authorities would be German or French. If the real fighting started right now they would be German, of that he was sure. And bad luck for idiots like Fremigacci.

As he turned round to change his position in his rocky hiding-place, Claude's right foot hurt him a lot; the fiery pain shot up as far as his knee.

As a prisoner in a camp at the other end of Germany, the days would pass, he would dream of Paris, the war would finish, and he would find himself in Paris sooner or later. He had succeeded in the most difficult task – of separating

discrète. Restait à se faire cueillir par la patrouille allemande, sans recevoir de coup de fusil. Ce n'était sûrement pas impossible, et l'instant pénible ne durerait pas longtemps : il suffirait de faire des gestes, peut-être de crier quelques mots. Claude s'absorba un moment dans ses souvenirs de lycée et bâtit une phrase allemande élémentaire et précise. D'ailleurs rien ne pressait ; il avait la journée et la nuit suivante pour se préparer. A l'aube il serait loin, il serait prisonnier.

Il déboucla son sac et mangea une demi-tablette de chocolat et un gros morceau de pain ; il puisa de l'eau à l'aide de son quart au ruisseau coulant sous les mousses. Sans doute avait-il un peu de fièvre, car il but énormément. Puis il se recoucha dans le trou des rochers. Les détonations qui parsemaient les hauteurs de chaque côté du ravin l'empêchaient de trouver le temps long ; il s'efforçait de deviner l'endroit où les projectiles tombaient, et conjecturait[3], passionnément attentif, les déplacements du tir. Les fusils-mitrailleurs n'avaient presque pas cessé de crépiter depuis le matin, et il s'y mêlait aussi des coups de fusil isolés. Parfois une branche cassée dégringolait doucement sur la pente, comme un homme descendant d'un arbre.

En suivant le lit du torrent, on pouvait s'en aller très loin sans risquer d'être atteint. Cependant, il garderait le casque, laissant le gros de l'équipement ici. Un instant, le soleil éclaira le fond du ravin ; des feuilles mortes encore humides de pluie brillèrent, et, en se penchant, Claude aperçut un trou de ciel bleu entre les arbres. Comme la Seine était belle, par un temps comme celui-là ! Il montait voir son amie, la petite céramiste qui habitait rue de l'Échaudé ; le soleil d'automne éclairait le lit et l'assiette de fruits sur la table. Lors de la dernière permission de détente de Claude, c'était déjà l'automne à Paris.

from the company with complete discretion. Now he had only to be picked up by the German patrol without being shot at. Surely that would not be too difficult, and the awful moment would not last long; he would just have to make a few signs and perhaps shout a word or two. Claude lost himself in memories of the schoolroom for a moment and constructed in German an elementary and precise phrase. Besides there was no hurry: he had the following day and night to prepare himself. By dawn he would be far away, he would be a prisoner.

He unbuckled his kit and ate half a bar of chocolate and a big piece of bread; using his drinking-can he drew some water from the stream flowing under the mosses. There was no doubt he had a touch of fever, for he drank an enormous amount. Then he lay down again in his hole in the rocks. The explosions along the top of each side of the ravine made time pass quickly; he strained to guess the spot where the shells were falling, and to make out the positioning of the gunners. The machine guns had hardly stopped their chatter since morning, and with it were mingled single rifle-shots. Now and then a broken branch rolled gently down the slope, like a man sliding down a tree.

It was possible to go quite a way along the bed of the stream without being hit. However, he would keep his helmet on, leaving most of his equipment where he had been hiding. For a moment sunlight lit the bottom of the ravine; dead leaves glistened, still damp from rain; and lifting his head Claude saw a hole of blue sky through the trees. How beautiful the Seine was in such weather! He was on his way up to see his young girl-friend, who was a potter and lived in the rue de l'Échaudé; autumn sunshine lit the bed and the bowl of fruit on the table. On Claude's last leave it was already autumn in Paris.

Jamais il ne pourrait raconter à personne ce qu'il faisait en ce moment. Surtout pas à elle. Si seulement les autres avaient été moins bêtes, là-haut, et dans tous les pays qui font la guerre : il aurait tellement aimé rester avec eux, partager des risques qui valaient la peine, aller de l'avant dans de belles entreprises. Au lieu de se casser la gueule,[4] il fallait rivaliser pacifiquement, convaincre le monde, par l'exemple, qu'on était un peuple qui sait s'organiser, supprimer le chômage, tirer parti de toutes les ressources... En s'y prenant de cette façon, il y aurait moyen de dire la vérité. Ce que faisait Claude en ce moment était la conséquence d'une juste vue des choses ; on ne pourrait pas lui faire un reproche d'avoir agi suivant sa conviction. La peur ? Mais tout le monde avait peur, quand la compagnie était partie à l'attaque, même le sergent séminariste.

Ou bien parler carrément, cyniquement. Claude se voyait, allongé sur le lit près de son amie, au soleil d'un été à venir. Il dirait soudain : j'ai déserté. On verrait bien comment elle prendrait la chose.

La peur ? Il n'avait pas peur, lorsqu'il sortit de son trou sous les rochers, à la nuit tombante. Il ne prenait même pas soin de suivre exactement le fond du ravin. Il aurait fallu enjamber les pierres, se retenir de glisser, et son pied lui faisait trop mal.

A mesure que l'obscurité gagnait, les lueurs des obus se faisaient plus intenses, plus rouges, semblaient plus proches. A chacune d'elles, Claude se jetait en avant, les mains sur le sol, puis il se redressait et reprenait sa marche. Mais lorsqu'il entendit un bruit de roues sur des cailloux, il s'allongea complètement, et ne bougea pas d'un long moment. C'était en haut de la pente, du côté du ravin où il se trouvait ; il distinguait aussi des voix. Il ne saisissait pas ce qu'elles disaient ; c'étaient des voix impatientes ; on criait des ordres.

He would never be able to tell anybody what he was
doing at that moment. Certainly not her. If only the others
up there, and in all the warring countries, had been less
stupid; he would so much have loved to stay with them,
sharing worthwhile risks, and taking the lead in good
causes. Instead of cutting each other to pieces they should
practise peaceful rivalry, convince the world by their example that they were nations capable of sorting themselves
out, of doing away with unemployment, of making the
most of their resources. . . . In such a state of affairs it would
be possible to tell the truth. What Claude was doing
now was the consequence of a just view of things; no one
could reproach him for acting on his convictions. And
fear? Everybody was afraid when the company set off
on an attack, even the sergeant who was going to become
a priest.

Or to put it bluntly, cynically, Claude saw himself
stretched out on the bed with his sweetheart in the sunshine of a summer to come. Suddenly he would say: 'I
deserted.' He would see how she took it.

Fear? He was not afraid when he came out from his hole
in the rocks as night fell. He did not even take the precau-
tion of following the very bottom of the ravine. There he
would have had to walk over stones, taking care not to slip;
and his foot hurt too much.

As the darkness grew, so the light from exploding shells
became more intense, reddening and seeming closer. Each
time one went off Claude threw himself forward on to his
hands, then got up again and walked on. But when he heard
the sound of wheels on the pebbles he lay completely flat,
and did not budge for quite some time. He was at the top of
the slope at the side of the ravine when he heard voices. He
could not make out what they were saying; they were impatient voices, shouting orders. Then there was only the

Puis il n'y eut plus que le bruit des roues. Les véhicules de la compagnie étaient tous restés à l'échelon du dernier cantonnement.

S'il n'avait pas fait nuit, Claude aurait peut-être gravi la pente, les bras levés, sans armes. De toute façon, le mauvais moment était presque passé : Claude était dans les lignes allemandes. Plus il avancerait, mieux cela vaudrait. A l'arrière des lignes, on ne tirerait sûrement pas sur lui. Il traînerait la patte : un soldat malade, égaré…

A ce moment, s'étant remis à marcher, il buta dans quelque chose qui le fit bondir en arrière. Bougeant très lentement, le nez au sol, il chercha ce que c'était. Un très gros fil, nettement visible dans l'obscurité, descendait la pente et se perdait vers le fond du ravin, qu'il traversait, sans aucun doute, pour remonter de l'autre côté.

Cela ne pouvait pas être une mine : elle aurait sauté. C'était le fil d'un téléphone de campagne allemand. Claude l'empoigna dans ses deux mains, tâta son enveloppe rugueuse.

★

Christiane apporta le café, du vrai, que Claude avait obtenu, à force de flagorneries, de l'épicier où il s'était inscrit, rue de l'Échaudé, à son retour à Paris. Le soleil de l'automne 1945 illuminait doucement la grande chambre dont un coin était jonché de vases à fleurs et de cendriers, œuvres de Christiane, ramenées la veille du four à céramique.

– J'ai eu rudement mal à couper le fil, reprit Claude. Je n'y serais jamais arrivé si je n'avais pas eu les cisailles à barbelés. Et puis, j'avais la frousse de m'électrocuter. Le plus difficile, ç'a été de retrouver la section. J'avais marché

noise of the wheels. The vehicles of his company had all been left strung out at the last encampment.

Had it not been night-time, Claude might have climbed up the slope, unarmed and with his hands in the air. At any rate the terrible moment would soon be over. Claude was behind the German lines. The farther he went on the better it would be for him. Surely they would not shoot at him well inside the lines. He would drag his foot; a sick, lost soldier.

At that moment, once again on his way, he stumbled into something which made him leap back. Then moving very slowly, with his face close to the ground, he looked to see what it was. A huge cable, clearly visible in the darkness, made its way down the slope and became lost in the depths of the ravine, which it must have crossed and come up the other side.

It could not have been a mine; it would have exploded. It was the cable for the German field telephone. Claude grasped it in both hands and felt its wrinkled casing.

*

Christiane brought in the coffee, real coffee which Claude had got by using a little flattery at the grocery shop in the rue de l'Échaudé, where he was registered on his return to Paris. The sunlight of autumn 1945 gently lit the large room, a corner of which was stacked with flower vases and ashtrays, some of Christiane's work, brought from the pottery kiln the day before.

'I had a lot of trouble cutting the cable,' Claude went on. 'I'd never have succeeded if I hadn't had the wire cutters. And then I was scared I might electrocute myself. The hardest part was finding the section again. I'd walked for

plus longtemps que je ne croyais, j'étais loin dans les lignes allemandes. Et j'avais de plus en plus mal à ma patte droite. Tu as vu la petite cicactrice : après cinq ans, ça n'a pas disparu.

Christiane lui caressa les cheveux ; il était allongé sur le lit, les bras en croix.

— C'est le cas de dire que ça n'a tenu qu'à un fil[5], dit-il assez rêveusement.

— Tu n'étais pas forcé de le couper, dit Christiane ; ça ne faisait pas partie de tes fonctions.

— Oh, mes fonctions, je n'ai jamais trop su en quoi elles consistaient. Tu sais, on invente un peu, au fur et à mesure, dans ces cas-là. J'aurais aussi bien pu déserter, personne ne s'en serait douté. Je serais resté prisonnier cinq ans, au lieu de faire Dunkerque, l'Angleterre, l'Afrique du Nord.

— Tu serais mort en captivité, dit Christiane ; tu aimes trop ta petite liberté pour supporter d'être prisonnier.

— Si je te disais pourtant que j'ai regretté de ne pas être prisonnier, une fois revenu dans la section. La semaine que j'ai passée dans la forêt, ç'a été la pire de toute la guerre, pour moi. Je pouvais à peine remuer la patte, et ce salaud de sergent corse refusait d'y croire ; il m'envoyait tout le temps chercher la soupe, à trois kilomètres à l'arrière. C'est bien simple, il s'était mis dans la tête que j'avais voulu déserter. Si je n'avais pas rapporté un bout du fil du téléphone, il me signalait au commandant. Absent de la section un jour et une nuit, c'était grave. Le plus drôle, c'est que c'est lui qui a été fait prisonnier plus tard, en Belgique.

— Il a peut-être voulu se rendre, lui aussi...

— Lui aussi... Tu vas fort, dit Claude en riant. Je n'ai jamais voulu me rendre.

— Pauvre chéri, dit Christiane, quand même tu te serais

longer than I thought, I was well inside the German lines. And my foot hurt more and more. You've seen the small scar; it hasn't gone after five years.'

Christiane stroked his hair; he was lying on the bed, his arms folded.

'In fact you could say it all hung by a thread,' he said quite dreamily.

'You didn't have to cut it,' said Christiane. 'That wasn't part of your duties.'

'Oh, my duties, I was never too clear exactly what they were. You know, one makes things up as one goes along in such cases. I might just as easily have deserted. Nobody would have suspected. I'd have been a prisoner for five years, instead of going through Dunkirk, England, North Africa.'

'You'd have died in captivity,' said Christiane. 'You're too fond of your bit of freedom to stand being held prisoner.'

'Nevertheless, I must say I regretted not having been captured, once I was back with the section. That week in the forest was the worst in the whole war for me. I could hardly move my foot, and that bastard of a Corsican sergeant refused to believe me; he kept sending me three kilometres to get the soup. It's quite simple. He'd got it into his head that I wanted to desert. If I hadn't brought back a bit of the telephone cable he'd have sent me to the commanding officer. Absent from the section one day and one night, that was serious. Funniest thing of all is that he himself was taken prisoner later on in Belgium.'

'Perhaps he wanted to give himself up too. . . .'

' "Too" . . . that's a bit much,' laughed Claude. 'I never wanted to surrender.'

'Poor love,' said Christiane. 'Even if you had, it wouldn't

rendu, ça n'aurait pas changé l'issue de la guerre ; toute l'armée française s'est bien rendue, après.

— Pas moi, dit Claude, puisque je suis passé en Algérie. Mais j'avoue que dans cette sacrée forêt, j'en avais assez. Et puis, cette patte qui me faisait mal...

— Quelle horreur, dit Christiane. Une bête[6] qui était entrée sous la peau !

— Comme celles qui se fourrent dans le cuir du bétail, précisa Claude. Si tu avais vu la tête de l'infirmier, au poste de secours. Il a fallu étourdir la bête avec de l'éther, pour qu'elle détache ses griffes, et la retirer lentement avec des pinces.

— Oh ! tais-toi, dit Christiane, ça me rend malade, je vais en rêver.

— Dans le fond, reprit Claude après un silence, j'ai eu de la veine. J'ai vu du pays, et puis je t'ai retrouvée, j'ai retrouvé Paris. Tiens, je pensais toujours à Paris comme il est par un temps comme aujourd'hui, un beau soleil pas trop chaud...

— Il suffit de voir tes lignes de la main, dit Christiane : tu auras toujours de la veine. Montre encore ta paume... Non, la gauche, celle des réalités.

have changed the end result of the war; the whole French army surrendered afterwards.'

'I didn't,' said Claude, 'because I went to Algeria. But I admit that I'd had enough in that blessed forest. And then my foot hurting so. . . .'

'How horrible,' said Christiane. 'Something working its way up under your skin!'

'Like those insects that burrow into the flesh of cattle,' said Claude more precisely. 'You should have seen the face of the male nurse at the medical centre. He had to stun the creature with ether to make its claws let go, and pull it out slowly with tweezers.'

'Oh, keep quiet,' said Christiane, 'it makes me feel ill. I'll dream about it.'

'In the long run,' Claude went on after a pause, 'I've been lucky. I've seen a few countries, and then I've found you again, and Paris. Listen, I was always thinking about Paris on days like today, a beautiful sun, not too hot. . . .'

'You only have to look at the lines in your hand,' said Christiane. 'You'll always be lucky. Show me your palm again . . . No, the left one, the palm of reality.'

CUCKOLDED, HANGED AND HAPPY

MARCEL JOUHANDEAU

Translated by Rayner Heppenstall

DE la porte de Madeleine, je viens d'assister à l'enterrement d'une femme du village, dont l'histoire est passionnante.

Son mari prisonnier en Allemagne, trois enfants en bas âge sur les bras, comme il lui était difficile de travailler son bien elle-même, que faire d'autre que de prendre un domestique ? Tous les hommes étant mobilisés, il n'y avait pas le choix. Par malchance, elle tomba sur le pire, un Breton des Côtes-du-Nord engagé dans la marine et qui avait traîné partout de 16 à 32 ans, d'escale en escale, visitant toutes les sentines, tous les bas-fonds[1] des ports du monde ; beau gars par-dessus le marché, tatoué à foison, réformé pour cirrhose du foie. La fierté de son allure, sa façon de porter la tête, l'autorité de sa voix l'avaient fait surnommer le Cadi.

Au bout de la première semaine, l'ascendant qu'il prit sur la fermière, devenue du jour au lendemain, du samedi soir au dimanche matin sa maîtresse, amena peu à peu celle-ci à ne rien lui refuser, à tout lui céder, à dépenser d'abord sans compter. Les plaisirs qu'il lui avait fait connaître méritaient bien cette récompense. Peu à peu elle lui sacrifierait tout, pour le pousser à plus de générosité de sa part. Les repas quotidiens prenaient naturellement des airs de fêtes, de noces perpétuelles. Quand il n'y eut plus d'argent, on vendit une partie du cheptel, puis les meubles, enfin les draps. La moitié du produit s'en allait en ripailles, le reste grossissait la cagnotte privée du Cadi.

En 1944, la guerre sur le point de finir, deux solutions s'offraient à celui-ci : quitter la place ou demeurer. Pour elle, il n'y en avait qu'une : à tout prix le garder. C'est ainsi

CUCKOLDED, HANGED AND HAPPY

FROM Madeleine's doorway I have just watched the funeral of a village woman, whose story is fascinating.

With her husband a prisoner in Germany and three young children on her hands, as it was difficult for her to look after her own bit of land, what else could she do but take on a manservant? All the men having been called up, there was not much choice. By misfortune, she picked on the worst, a Breton from the Côtes-du-Nord, who had gone to sea and loafed about between the ages of 16 and 32, from one port of call to another, frequenting the lowest dives in docklands all over the world; a splendid-looking young ruffian, abundantly tattooed, invalided out for cirrhosis of the liver. His swaggering gait, the carriage of his head, the authority in his voice had got him nicknamed the Cadi.

At the end of the first week he gained such an ascendancy over the farmer's wife, who had become his mistress over night, from Saturday night to Sunday morning, that she refused him nothing, gave him his own way in everything, spent freely from the outset. The pleasures he'd taught her fully deserved this reward. Finally she let him take all, hoping thus to force him to greater generosity. Every meal of the day took on the appearance of a celebration, a perpetual feast. When there was no money left, she sold off part of the livestock, then furniture, finally the bedclothes and household linen. Half the farm produce went in roistering, the rest went to swell the Cadi's private kitty.

In 1944, towards the end of the war, there were two solutions for him: to go or to stay. There was only one for her: to keep him at all costs. So, when the husband returned, she

que, le mari de retour, elle admit qu'on se débarrassât une fois pour toutes de lui, prête à perdre son âme plutôt que son amant.

Le plan que le Cadi avait dressé était hardi : il se tiendrait dans le grenier et de là, observant par un judas les allées et venues de sa victime dans l'étable, il ferait descendre une corde à nœud coulant juste au-dessus de l'endroit où Ducourtial (c'est le nom du fermier) viendrait s'asseoir sur un escabeau pour traire, et pris comme au lasso, en une seconde voilà mon Ducourtial pendu.

Le bon sens d'Anna ne lui permit pas de ne pas voir tout de suite par où péchait le projet, qu'un rien pouvait faire échouer et tourner à leur perte. Le Cadi l'attendait là :

– Seul, je ne peux pas faire mieux. » Il n'avait voulu par un détour que l'amener à jouer son rôle dans l'exécution du meurtre.

*

Mais laissons la parole au mari : – Eh bien ! Puisque vous êtes mes amis, comment les choses se sont passées, je vais vous le dire. Il y avait quatre jours que j'étais rentré et certes je n'avais pas besoin qu'on m'apprît mon malheur. Je le constatais partout. Au lieu des huit vaches que j'avais laissées à mon départ, deux et mal en point. Plus d'argent. Nos plus beaux meubles avaient disparu. L'armoire sans draps. Dettes sur dettes. Mais le plus grand vide, c'était dans le cœur de ma femme. Dès le premier regard que j'avais jeté sur elle, je savais tout. Cependant, je ne fis aucune observation. Je me contentai de signifier au Cadi son congé. Il ne lâchait pas prise, trois jours après rôdait toujours par la maison. Je m'étais promis d'éviter l'esclandre. Je me disais : Lui au loin, je la reprendrai. Elle était si intelligente, fine, avenante, cuisinait bien, la maison en ordre, sans une tache sur elle ni un mot de mauvaise humeur autrefois. Cela

agreed that he must be got rid of once and for all, readier to lose her soul than her lover.

The plan formed by the Cadi was bold: he would put himself in the granary and from there, watching through a spy-hole the comings and goings of his victim in the cow-shed below, he would let down a rope with a slip-knot to just above where Ducourtial (that is the farmer's name) should sit on a stool to do his milking, and, ringed as with a lasso, there is our Ducourtial hanged in a trice.

Anna's common sense did not fail to point out to her the fault in this project, which the least thing could abort and turn to their ruin. The Cadi was waiting for that:

'It's the best I can do on my own.' This was just his roundabout way of getting her to play a part in carrying out the murder.

*

But let us hear what the husband has to say: 'All right! Since you're friends of mine, how it all went off, I'll tell you. I'd been back four days and nobody needed to tell me about my bad luck. I could see it everywhere. I'd left eight cows when I went away, now there were two and in bad shape. No more money. Our best pieces of furniture had gone. The linen cupboard empty. A pile of debts. But the greatest void of all was in my wife's heart. The first time I looked at her, I knew all. Still, I didn't say anything. I made do with telling the Cadi he could be off. He wasn't going to let go, three days later he was still hanging around the house. I'd made up my mind not to make a scene. I said to myself: Once he's out of the way, I'll get her back. She was so intelligent, sensible, pleasant, a good cook, the house tidy, spotless, and never a cross word once upon a time. It'd be like that again. I was prepared to forgive everything,

reviendrait. J'étais prêt à tout pardonner, quand le quatrième soir, dans la pénombre de l'étable, comme j'allais traire, tout d'un coup je sens quelque chose de mou, de flasque et de rêche me passer sur le crâne, puis glisser le long de ma figure de haut en bas : – Qu'est-ce que c'est ? Vite, je passe la main à rebours, en me redressant, bondis sur la fourche qui gisait à ma portée par hasard. Volte-face et je gagnai la porte à reculons. Ma femme était là debout, immobile, derrière l'escabeau que je venais de quitter, le visage et les mains crispés, comme changée en statue. Là-haut, tapi dans le foin, le Cadi. Je me demandais encore bêtement ce qu'ils pouvaient bien avoir eu l'intention de faire de moi. Le boulanger, qui rangeait ses fagots au bord du chemin, ne m'en laissa pas le loisir : – Eh bien! Ducourtial, me criait-il, qu'est-ce qu'il t'arrive? Où vas-tu donc comme ça, armé de ta fourche et la corde au cou?

En effet, à ma suite, une corde traînait longue de quatre mètres, dont l'autre bout m'enserrait la gorge, comme un licou. Le dessein qu'on avait formé de me pendre était clair, non moins certaine la complicité de ma femme. Ensemble, ils avaient prémédité ma mort. Un témoin? Je l'avais. Tout le monde aurait dit : – De dépit le pauvre cocu s'est tué. Non, par miracle, grâce à un geste que j'avais fait, à un autre qu'Anna peut-être avait refusé on n'avait pas eu l'audace de faire, j'étais sauf.

A la minute où j'arrive, certes de beaucoup la plus grave de mon existence, si je me félicite de quelque chose, c'est de n'avoir pas une seconde pensé à moi, à mes enfants seuls. Je me répétais : – C'est leur mère qui a voulu cela, qui l'a entrepris, qui a failli l'exécuter. Seulement au dernier moment, sa main l'a trahie. Elle a tremblé, et c'est à ce tremblement, à une hésitation de sa part que je dois la vie. Dès lors, je ne songeai qu'à la couvrir, à la sauver à mon tour, à faire qu'elle parût innocente, même à elle-même.

when the fourth evening, in the dark cowshed, just going to start milking, I suddenly feel something soft, limp and rough go over the top of my head, then slide all the way down my face: "What is it?" I turn my hand against it quick, as I get up, I jump for the hayfork which happened to be lying within reach. I turned round and backed to the door. My wife was standing there, behind the milking-stool I'd just got up from, quite still, her hands clenched and her face screwed up, as if she'd been turned into a statue. Up aloft, crouching in the hay, the Cadi. I was still stupidly wondering what they could have meant to do to me. The baker, who was stacking his firewood by the side of the lane, didn't leave me time to wonder: "Well! Ducourtial," he called out, "what's been happening to you? Where are you going like that, armed with your hayfork and a rope round your neck?"

'That was it, there was a rope trailing behind me, thirteen or fourteen feet long, the other end round my neck, like a halter. That there'd been a plan to hang me was clear, and so was my wife's complicity. Together, they'd plotted my death. A witness? I had one. Everybody would have said: "The poor cuckold's done himself in, out of misery." No, by a miracle, thanks to movements that I'd made and that Anna perhaps had refused or hadn't dared to make, I was safe.

'At the moment I've got to, easily the most serious of my life, I congratulate myself on one thing, that I didn't think for a fraction of a second of myself: only of the children. I kept saying to myself: "It's their mother who meant that, who tried to carry it out, who nearly succeeded. Only at the last moment, she couldn't do it. Her hand shook and to that trembling of the hand, a moment's hesitation on her part, I owe my life." From then on, I only thought how to shield her, how I could save her in turn, how to make her

Jusque devant Dieu et contre Dieu je la défendrais. De moi
je l'exigeais et tout en me débarrassant de la fourche et de
l'arroi de mon supplice, je brisai net avec le boulanger, que
j'empêchai de pénétrer dans l'étable. En hâte, je gagnai
notre chambre, où je revêtis mes plus beaux habits, avant
de me rendre à pied, d'un bon pas, à six kilomètres, au
mariage d'un fils de ma sœur aînée. Ma mère serait là. Le
grand air, la distance me firent du bien, mais moins que la
vue du bonheur des autres qui me donna le courage de ne
confier à personne rien de mon chagrin et de repasser dans
ma tête les moyens que j'avais encore d'éloigner des miens
la honte et le deuil.

Au petit jour, le lendemain, j'étais chez moi, d'où le
Cadi avait fui. J'y retrouvai, non pas ma femme, mais
comme son ombre, en proie à la crainte, au remords. Elle était
si pâle, abandonnée de tout, même d'elle, ses cheveux défaits,
que cette rencontre me fit plus mal que celle de la veille.

Toute la nuit, elle avait dû attendre qu'on vînt sur ma
plainte l'arrêter.

J'errai une heure, inspectant les lieux que j'avais failli ne
pas revoir. Il me semblait que chaque objet s'étonnait que je
fusse encore là. A la fin, j'entrai dans la salle, où nous nous
trouvions seuls, Anna et moi. Je me plantai devant elle et
lui dis doucement : – Si je voulais, ce soir, tu sais où tu
coucherais ? Et lui aussi. Mais non. Il y a nos petits d'abord ;
eux seuls comptent. Nous, est-ce que nous existons ? Moi,
tu as voulu ma mort ; toi, tu ne mérites plus de vivre.
Cependant, pour ce qui te regarde, tu as beau m'avoir fait
tout le mal, je ne te veux que du bien. Plus je m'interroge
en effet, c'est plus fort que moi, je ne peux pas ne pas t'aimer.
Je suis de la race de ceux qui n'aiment qu'une fois. Aussi,
vois ce que je propose : s'il est possible que tu renonces à cet
homme, je suis prêt à reprendre la vie avec toi, comme si de
rien n'était. Si c'est plus fort que toi, si tu ne peux pas plus

seem innocent, even to herself. I'd defend her even before God and against God. That was my determination, and, getting rid of the fork and the trimmings of my ordeal, there and then I cut the baker off short and stopped him going into the cowshed. Hurriedly, I went to the bedroom, where I put on my best clothes, before going off eight miles on foot at a good pace, to the wedding of a son of my elder sister's. My mother would be there. The open air, the long walk did me good, but less than the sight of other people's happiness which gave me the strength not to speak a word of my own troubles to anyone and only to think to myself how I could best spare my family shame and grief.

'At dawn, next day, I was back home, to find the Cadi gone. It was not my wife I found, but as if the shadow of her, a prey to fear, to remorse. She was so wan, so abandoned even by herself, her hair undone, that this second meeting was more painful to me than that of the previous evening.

'All night she must have been waiting for them to come and arrest her on information laid by me.

'I wandered about for an hour, examining the places I had been likely never to see again. It seemed to me that everything looked astonished to find me still alive. In the end, I went back into the living-room, where the two of us were alone, Anna and I. I stood in front of her and said to her gently: "If that was what I fancied, you know where you'd sleep tonight? And him as well? But no. To begin with, there are the little ones; they're the only ones who matter. As for us, do we even exist? Me, you wanted me dead; yourself, you don't deserve to go on living. All the same, as far as you're concerned, it doesn't matter what harm you meant to do me, I only wish you well. The fact is, the more I argue with myself about it, I can't help it, I just can't not love you. I'm one of those people who're only in love once. So this is what I propose: if you can manage to give up this

te passer de lui que moi de toi, alors, eh bien! si tu l'aimes plus que tes enfants, si je te fais une telle horreur, si mon pardon même ne parvient pas à te toucher, eh bien! pars ; alors, va-t'en. Je t'en donne la permission et je t'en fais la promesse, je ne vous inquiéterai ni l'un, ni l'autre. L'honneur de mes enfants et le tien m'intéressent plus que ma vengeance. » D'abord, elle n'a pas répondu. Elle a éclaté en sanglots, puis s'est mise à genoux. « Surtout, je lui ai dit, ne me touche pas. » Ses mains me cherchaient. « Ne songe pas tout de suite à m'embrasser. Non. C'est trop près. Laisse couler les jours et si je vois que tu retrouves dans ton cœur le chemin du mien, quand je sentirai que tu éprouves assez de reconnaissance et d'amitié à mon égard pour oublier ce que l'autre t'a fait connaître, nous nous rapprocherons peu à peu et peut-être plus émus tous les deux que si rien ne s'était passé. « Tu as raison, me dit-elle. Entre nous, pas de comédie. Je ne veux que te confier deux choses : que je me suis vue, cette nuit, telle que je suis devenue, que je me suis fait peur et que je te vois tel que tu es, meilleur que tout le monde et que je t'admire. Mais va, tu n'auras pas, j'en fais le vœu, affaire à une ingrate. Le pardon que tu m'offres, je saurai le mériter. » Elle s'est tenu parole.

J'ai bien su qu'une fois elle est allée trouver le Cadi, mais ce fut pour lui signifier que c'était fini entre eux et lui faire mon éloge. Ses torts pesés, elle les a réparés. Elle ne s'est plus démentie. Depuis, elle a été avec moi, avec ses enfants et dans ses devoirs de maîtresse de maison irréprochable. Avant six mois, nous dormions dans le même lit et notre bonheur est parfait. »

*

man, I'm willing to start life with you again, as if nothing had happened. If that's more than you can manage, if you can no more get along without him than I can without you, then, well! if you care for him more than you do for your children, if you hate me so much, if even my forgiveness leaves you cold, then, well! in that case leave us, go away. I give you permission to do that, and I make this promise: I won't bother either of you. Your honour and that of our children concern me more than any thought of revenge." At first she didn't reply. She broke into sobs, then she went down on her knees. "Don't touch me," I said, "whatever you do." Her hands were reaching out to me. "Don't think of embracing me just yet. No. It's all too near. Let the days slip by and if I see that you find your heart once more going along with mine, when I feel that there's enough gratitude and friendship for me there to make you forget what you've known with the other man, we shall come closer to each other bit by bit, and perhaps both with more pleasure than if nothing had happened." "You're right," she said. "No play-acting, not between us. There are just two things I'd like to tell you: during the night I saw what I've become and it frightened me, and I see you as you are, the best man in the world, and one I admire. But that'll do you shan't find me thankless, I swear. I shall deserve the forgiveness you offer me." She kept her word.

'I learned that she did once go to see the Cadi, but it was to let him know that everything was over between them and to sing my praises. Once her faults had been dwelt on, she made up for them. She never went back on her promise. Ever since, with me, with her children and as mistress of the house, she's been beyond reproach. Before six months were up we were sleeping in one bed again and we are perfectly happy.'

*

Celle qui rapportait les propos de Ducourtial termina ainsi :
– Quand il fut parti, l'émotion que nous avait causée sa confidence était si forte que mon mari et moi, nous sommes restés debout longtemps, sans nous regarder, et puis on s'est assis, sans rien se dire ; nos larmes coulaient.

*

Dans le village on s'étonnait. Le boulanger avait parlé assez pour qu'on n'ignorât rien de l'essentiel du drame. Ce qui est curieux, c'est que n'en ayant vu que le dénouement, le seul témoin ait présenté les faits exactement comme le Cadi les avait conçus d'abord, si bien que la version s'accrédita que c'était le Cadi qui avait manqué son coup, en lâchant la corde. Bien que de cette manière la fermière parût étrangère au forfait, la rumeur ne lui pardonnait pas ce que sa mauvaise conduite avait permis. Bien plus, le vulgaire méprisait Ducourtial pour son indulgence qu'on regardait comme une faiblesse, voire comme une lâche complaisance et ce dicton courait : Jusqu'ici on avait : COCU, BATTU. Maintenant nous avons : COCU, PENDU et CONTENT.

Pour défier l'opinion ou dans l'espoir de la faire changer, Ducourtial faisait-il discrètement et avec sincérité, quand l'occasion se présentait, l'apologie de sa femme, cela paraissait de l'affectation. Non content de lui rire au nez, on payait sa générosité d'un camouflet.

Au bout de quelques années, dans l'espoir de vaincre la prévention du monde, ce couple tragique faisait comme exprès de se montrer et de se montrer gai, de danser en public, par exemple, les jours de frairie et de ne le faire qu'ensemble. « Vous aimez valser, Monsieur Ducourtial ? lui demande une fois Mme Apremont qui se trouvait sur le ballet. – C'est-à-dire, Madame Apremont, que nous nous plaisons, ma femme et moi, à tourner tous les deux, pour

The woman who told me what Ducourtial had said, finished thus: 'When he'd gone, his confidences had so moved us that my husband and I just stood there for a long time, not looking at each other, and then we sat down, without saying anything; we were both in tears.'

*

There was general surprise in the village. The baker had done enough talking for there to be no doubt left about the essentials of the drama. The strange thing is that, although he'd only seen the end of it, the only witness set out his facts exactly as the Cadi had worked them out from the beginning, so effectively that it became the accepted version that it was the Cadi who, in letting the rope down, had missed. Although in this account the farmer's wife seemed uninvolved, rumour didn't excuse her for what her evil conduct had permitted. But that isn't all: the herd despised Ducourtial for an indulgence they thought of as weakness, as a base complicity, and this saying went the rounds: 'We'd heard of THE CUCKOLD THRASHED. Now it's CUCKOL-DED, HANGED and HAPPY.'

If, to defy opinion, or in the hope of changing it, Ducourtial sang his wife's praises discreetly and in all sincerity whenever the occasion arose, that was thought affectation. Not content with laughing in his face, people repaid his generosity with insults.

After a year or two, in the hope of overcoming society's prejudice, the tragic pair went out of their way to appear in public and to look gay, to go dancing at village feasts, for instance, and always to dance together. 'You like waltzing, Monsieur Ducourtial?' Madame Apremont asked him once, when she found herself on the festive scene. 'The fact is, Madame Apremont, that my wife and I like to take a turn around the dance-floor to recall "Old Times".' 'What about

nous rappeler « le Temps ». – Mais, Monsieur Ducourtial, les danses d'aujourd'hui ? – Nous les apprenons, en les dansant., Il suffit d'épouser la cadence. »

A ce propos, Mme Apremont faisait remarquer que, s'adressait-elle à lui ou parlait-elle de lui, elle disait toujours « Monsieur » : « C'est qu'il a beau être un paysan ; pour moi, c'est quelqu'un, une sorte de grand seigneur. Je ne le respecte pas seulement, je le vénère. Tout ce qui est juste et beau étonne, jette ceux qui en sont dignes dans l'émerveillement et offusque la canaille. »

Un jour, au milieu d'un banquet qui suivait le battage du blé, un valet d'écurie, malheureux en ménage, et qui avait bu, alla jusqu'à lui crier du bas-bout de la table : « Ah ! mon pauvre Ducourtial, tu as beau dire et beau faire, nous n'avons pas gagné à la loterie. Nos deux femmes sont des garces, mais ton Anna un peu plus que ma Fénélie, qui n'a jamais ruminé de me pendre. » Dans ces moments difficiles, paupières baissées, la tête haute, Ducourtial se tournait vers quelqu'un de grave qui se portait à son secours pour faire diversion. Ce jour-là, trop directe était l'allusion. Il feignit de n'entendre pas, leva les yeux vers le plafond. Alors quelqu'un d'encore plus bas : « Tu ne vois pas la corde descendre ? » Que faire que de quitter la place !

*

Les femmes prétendaient qu'il pleurait en labourant. Si c'était vrai, c'était de bonheur, du bonheur d'avoir eu la force de vaincre la violence du sort par la patience. Il pouvait se rendre ce témoignage en effet que son obstination dans le bien avait fait reculer le mal, que sa grandeur d'âme avait eu raison de la malignité des circonstances et des gens, comme on a vu les saints attendrir leurs bourreaux et les bêtes féroces. N'était-ce rien après tout que de s'être

the dances of today, Monsieur Ducourtial?' 'We learn them as we dance. You only have to fall in with the swing.'

In this connexion, Madame Apremont pointed out that in addressing him or speaking about him, she always called him 'Monsieur'. 'He may be a peasant, but to me he's really somebody, he belongs to the highest gentry. I don't merely respect him, I revere him. All that is admirable and fine surprises, casts into a state of wonder those who are themselves worthy but shocks and disturbs the riff-raff.'

One day, in the middle of a banquet after the corn had been threshed, a stable-hand, unhappy at home and a bit drunk, went so far as to call out from the bottom end of the table: 'Ah! poor Ducourtial, it doesn't matter what you do or say, we didn't draw winners in the sweep. Our wives are a pair of trollops, but your Anna's a bit worse than my Fenella, who's never thought of hanging me.' At such awkward moments, eyelids lowered, head held high, Ducourtial would turn to some graver person who might lend him support by changing the subject. That day, the allusion was too direct. He pretended not to hear, raised his eyes to the ceiling. Thereupon somebody lower still said: 'Can't you see the rope coming down?' What could he do but walk out!

*

The women claimed that he used to cry while he was ploughing. If he did, it was with happiness, the happiness of having had enough strength to overcome a harsh fate by his patience. He could indeed bear this witness in respect of himself, that his persistence in doing good had made evil draw back, that his greatness of soul had gained a victory over the malice both of persons and circumstance, as the saints were seen to soften the hearts of their executioners or

un jour trouvé dans une situation aussi funeste, aussi atroce
que nous l'avons décrite et de l'avoir tournée à son avantage ? D'hostile qu'elle était et disposée à le pendre, il avait
peu à peu amené sa femme à l'adorer comme un dieu. A
dix lieues à la ronde, en vérité, ils formaient la paire d'êtres
la plus unie, d'autant plus touchants que leur félicité avait
je ne sais quoi de légendaire, d'incompréhensible humainement.

*

On en eut la confirmation, quand Anna tomba malade.
Pas de dépenses que Ducourtial ne consentît, pas de con-
sultations qu'il ne tentât ; docteurs, professeurs, rebouteux,
chirurgiens en renom furent appelés à son chevet, pour la
sauver ; bientôt seulement pour tempérer son martyre.
Toutes les attentions, il les avait, la portant, la faisant manger et boire lui-même, n'acceptant de personne aucune aide
ou seulement dans la mesure où ses forces ou ses capacités
défaillaient. Durant les six semaines que se prolongea
l'agonie, à peine s'il ferma les yeux.

*

De la porte de Madeleine, je le regardais s'avancer
presque sans poids, sans corps, grand et mince, presque
sans visage tout de suite après le cercueil. Le mouchoir d'une
blancheur immaculée qu'il maintenait près de sa bouche le
masquait.

Sur son passage, Élise qui a toujours le mot juste, pro-
clama :

– Enfin, voilà un vrai chrétien.

Personne ainsi ne l'entendait.

Les filles frivoles, les mégères contrefaites, les gens terre
à terre qui nous entouraient suivaient d'un œil implacable

the savage beasts. Is it a small thing, after all, to have once found yourself in so fearful, so appalling a situation as the one we have described and to have turned it to your advantage? Hostile as she'd been and ready to see him hanged, little by little his wife had been led to view him with adoration, like a god. For thirty miles around, they were truly the most united couple of all, the more affectingly so in that their bliss had about it something legendary, beyond human understanding.

*

It was confirmed when Anna fell ill. There was no expense that Ducourtial didn't agree to, no consultation that he did not try; physicians, professors, osteopaths, famous surgeons were called to her bedside, to cure her; soon merely to diminish her suffering. He was all attentiveness, carrying her about, feeding her and himself holding the cup to her mouth, not accepting help from anyone or only in so far as his own strength or his own competence failed. In the six weeks during which she lay on her death-bed, he barely closed his eyes.

*

From Madeleine's doorway I watched him advance, almost weightless, bodiless, tall and thin, almost faceless, immediately behind the coffin. The face was masked by the spotless white handkerchief that he held to his mouth.

As he went by, Élise, who always has the last word, announced:

'At any rate, there's a true Christian.'

No one took it that way.

The silly girls, deformed shrews, the earth-bound folk around us gazed hard-faced at the profile of a man who

cette silhouette, dont elles n'apercevaient que la fragilité et le ridicule et aussi la bière nue que les prêtres guidaient. On ne pouvait pardonner à cet homme et à cette femme de ne s'être pas conduits comme tout le monde, de s'être élevés au-dessus de la mesure ordinaire, de ne s'être montrés ni l'un ni l'autre médiocres, elle dans le mal, lui dans le bien. A ceux qui n'avaient pas compris leur drame le Ciel serait refusé, quand ils avaient connu, eux, le frémissement du sublime et auraient pu dire, mais le savaient-ils ? qu'ils avaient vu « la Gloire de Dieu » dont peut-être l'éclat ne nous est nulle part plus sensible que sur notre propre visage, au moment où il recouvre, en des circonstances peu communes qui exaltent en nous ce que nous détenons de meilleur, son originelle majesté.

*

La maladie qui emportait Anna restait mystérieuse.

Le soir, par curiosité, j'allai chez le menuisier qui l'avait couchée dans la bière : « Ah ! me dit-il, j'en ai bien enseveli de tous les âges, de toutes les sortes, des morts. Mon métier le veut. Jamais rien de pareil. Elle était déjà (c'était la forme de son mal) devenue énorme dans les derniers mois de sa vie, comme si sa chair se fût fondue sous la peau en une eau épaisse ; au-delà du trépas, elle continuait à enfler, si bien que sa tête était devenue aussi grosse que celle d'une jument et le cou aussi large que la taille de ma fille et le reste à l'avenant ; ses bras, depuis que j'avais pris les mesures de la bière, avaient tellement gonflé aussi que pour pouvoir l'y loger, il fallut lui comprimer les épaules avec des liens, la ligoter du haut en bas, avec la crainte qu'elle n'éclatât. Quand nous l'avons soulevée au-dessus du lit, on eût dit une momie dans ses bandelettes et quel étonnement de la trouver, malgré son volume, si légère. Une fois descendue entre les planches, elle s'y étala, en emplissant tous les angles,

seemed to them all weakness and folly, and noted the bare hearse driven by the local clergy. They could not forgive this man and this woman for not behaving like everybody else, for having risen above the common standard, for not proving second-rate either of them, she in evil-doing, he in good. Against those who failed to understand this drama Heaven would be shut, while these two knew the tremor of the sublime and could have said – but did they know it? – that they had seen 'the Glory of God', whose light is perhaps reflected only upon our own faces, when, under uncommon circumstances which raise up that which is best in us, they recapture their first majesty.

*

The disease which had carried Anna off remained unknown.

In the evening, out of curiosity, I called on the carpenter who had put her in the coffin: 'Ah!' he said, 'I've laid out all ages, all conditions of dead people. That's my job. Never saw anything like it. She'd already (that was the form her illness took) become enormous during the last months of her life, as if her flesh had melted under her skin into a dense fluid; beyond death she went on swelling, to such an extent that her head had become as big as a mare's and the neck as thick as my daughter's waist, the rest according; after I'd taken her measurements for the coffin, her arms had puffed up, too, so that to get her in I had to tie her shoulders together, wrap her round from head to foot, the chief worry being she might burst. When we'd lifted her off the bed, you'd have thought she was a mummy in its bandages and what a surprise to find, seeing her size, how light she was. Once down between the planks, she spread

comme une coulée de pâte ou une gelée dans un moule, sans perdre sa figure ni sa beauté, le visage presque sans relief, noyé dans la matière, à la manière des personnages qu'on voit gravés sur les médailles ou les camées. »

out, filling up all the corners, like paste or jelly poured
into a mould, without losing her face or her beauty,
but the features hardly standing out, sunk into the mass,
like the figures you see engraved on medals or cameo
brooches.'

THE TROJAN HORSE

RAYMOND QUENEAU

Translated by Barbara Wright

UN homme entra dans le bistrot, ce qui fit de la buée. Il s'installa au bar, se hissant sur un tabouret, ce qui déchaîna l'apparition d'un limonadier en veste blanche, et à l'air féroce. Toutes les tables étaient occupées et les gens, là, s'occupaient d'eux-mêmes. Les garçons bâillaient. Le nouvel arrivé regarda bien autour de lui, non, il n'y avait aucune place libre, alors il répondit à la question que son adversaire venait de lui poser.

— Pour moi, dit-il, ce sera un verre d'eau.

— Bien, Monsieur, répondit le barman.

Il examina le quidam avec respect et se mit au boulot. Il prit un grand verre à demi, y fit tournoyer un morceau de glace, rejeta l'iceberg au loin avec dégoût, employa une carafe d'eau, posa le verre embué sur le comptoir, y fit voisiner le récipient.

— Voilà, Monsieur, qu'il dit cet homme.

L'autre se versa un verre d'eau et en but une petite quantité. Puis il s'immobilisa, rêveur. Les gens aux tables, des hommes, des femmes, s'occupaient d'eux-mêmes. Le barman s'était plongé dans d'autres labeurs. Dehors il faisait froid. Les aiguilles de l'horloge murale et de plus électrique se couraient métaphysiquement après. La caissière bien ronde somnolait.

L'homme prit le verre entre ses mains et dégusta de nouveau une petite quantité d'eau. L'orchestre entreprit de jouer un air de valse. Quelques personnes se levèrent et s'enlaçant décrivirent sur le sol des courbes compliquées. Le barman s'envoya subrepticement un vache[1] de coup de gin. Un marchand de journaux entra, puis s'en fut, accablé par tout l'univers imprimé qu'il portait sous le bras et par la

A MAN came into the café, and there was a mist. He installed himself at the bar, hoisting himself on to a stool, which conjured up the appearance of a bartender in a white jacket and with a ferocious look. All the tables were occupied, and the people thereat were minding their own business. The waiters were yawning. The newcomer had a good look round – no, there wasn't a single place free. So he answered the question his adversary had just put to him.

'I'll have a glass of water,' he said.

'Very good, sir,' replied the barman.

He examined the individual with respect and set to work. He took a big beer glass, sent a piece of ice spinning round in it, flung away the iceberg in disgust, engaged a jug of water, placed the misted glass on the counter, put the receptacle adjacent to it.

'There you are, sir,' said he, this man.

The other poured himself a glass of water and drank a little. Then he sat still, miles away. The people at the tables, men and women, were minding their own business. The barman had become immersed in other exertions. It was cold outside. The hands of the clock on the wall, electric at that, metaphysically chased each other. The nice plump cashier was dozing.

The man took the glass between his hands and again sipped a little water. The orchestra embarked on a waltz tune. A few people got up and embracing each other described complicated curves on the ground. The barman surreptitiously knocked back a bloody big gulp of gin. A newspaper-seller came in, then went out, overwhelmed by the printed world he was carrying under his arm, and the

vacherie du monde réel ou transcrit. Les aiguilles venaient
de se rejoindre sur le cadran, ce qui arrive vingt fois par jour.
Enfin, la porte s'ouvrit de nouveau, et une femme entra.

Elle repéra aussitôt l'homme qu'elle cherchait et s'assit à
côté de lui. Le barman surgit.

– Vous me donnerez un autre verre d'eau, dit l'homme,
celui-ci a tiédi.

– Vous ne la voudriez pas minérale, cette fois-ci?

– Non, répondit l'homme.

– Et pour Mademoiselle? demanda le barman.

– Rien, répondit la femme.

– Et ce sera tout pour aujourd'hui? demanda le barman
avec une très légère insolence.

– Oui, dit l'homme, ce sera tout.

Le barman servit le nouveau verre d'eau. Il mit un morceau de glace dedans.

– Alors? demanda la femme à l'homme.

– Alors, rien, quelle vie, murmura l'homme.

– Ce n'est pas drôle, dit la femme.

Elle regarda autour d'elle.

Un type à lunettes faisait danser une prostituée avec des
ronds de jambes pour la galerie et des sourires pour le
pianiste. Il avait l'air un peu saoûl et pas tout à fait à son aise.

– Un comptable qui a levé le pied avec la caisse, dit
l'homme.

– Tu crois? dit la femme.

– Oui, c'est visible.

Quelques types dansaient avec leur chapeau sur la tête.

– C'est amusant ici, dit l'homme.

– Oui, dit la femme.

La musique s'arrêta et le violoniste balança son instrument
à bout de bras en causant avec une femme seule à sa table.
Les danseurs rejoignirent leurs tables. Le comptable le fit

bloodiness of the world, real or transcribed. The hands had just met on the clock-face, which happens frequently every day. At last the door opened again and a woman came in.

She immediately located the man she was looking for and sat down beside him. The barman hove into sight.

'I'll have another glass of water,' said the man. 'This one's got tepid.'

'You wouldn't like mineral water this time?'

'No,' replied the man.

'And for the young lady?' asked the barman.

'Nothing,' replied the woman.

'And will that be all for today?' asked the barman, with only mild insolence.

'Yes,' said the man, 'that'll be all.'

The barman served the second glass of water. He put a piece of ice in it.

'Well?' the woman asked the man.

'Well, nothing, what a life,' murmured the man.

'It isn't funny,' said the woman.

She had a look round.

A character with glasses was dancing with a prostitute, doing fancy steps for the benefit of the gallery and smiling for the benefit of the pianist. He looked a bit drunk and not altogether at his ease.

'A cashier who's skipped with the till,' said the man.

'Think so?' said the woman.

'Yes, it's obvious.'

A few characters were dancing with their hats on.

'It's amusing here,' said the man.

'Yes,' said the woman.

The music stopped and the violinist waved his instrument about at arm's length while conversing with a woman who was alone at her table. The dancers went back to their

avec exhibitionnisme. Un cheval, qui se trouvait au bar, se pencha et proposa à la femme de prendre un verre avec lui, ainsi qu'au monsieur qui l'accompagnait.

– Qu'est-ce qu'il te veut? dit l'homme. Il veut t'inviter à danser?

– Non, murmura la femme, je crois qu'il veut nous offrir un verre.

Le cheval était descendu de son tabouret et s'inclinait devant eux, en faisant de grands gestes avec ses pattes de devant. Il cherchait un peu ses mots.

– Vous, expliquait-il, vous, tous les deux, vous buvez un verre avec moi.

L'homme le regarda d'un air ennuyé.

– Merci, dit-il froidement.

Le cheval n'avait pas l'air dans son état naturel. La femme était un peu terrifiée. L'homme lui demanda ce que devenait sa tante Charlotte. C'était très important pour eux, la tante Charlotte. Mais ça gênait la femme d'en parler devant le cheval, de la tante Charlotte. Elle se dérobait. Le cheval attendait d'ailleurs patiemment qu'ils eussent terminé leur petit aparté. Grassement soudoyé par le comptable en goguette, l'orchestre s'était remis au boulot et entamait un pot-pourri de valses 1900. Le cheval agita ses grandes pattes et profitant d'un trou dans la conversation relative à la tante Charlotte, prononça ces mots :

– Vous pensez peut-être que je suis saoûl? Absolument pas. Absolument pas. Absolument pas.

Il rythmait ces mots en faisant de gracieuses courbettes. Puis il les regarda en roulant des yeux terribles. C'était un grand canasson tout noir, un peu efflanqué, les sabots bien vernis, et la queue tirebouchonnée et serrée par un ruban violet.

tables. The cashier did so with exhibitionism. A horse who happened to be sitting at the bar leant over and asked the woman if she'd like to have a drink with him, likewise the gentleman accompanying her.

'What does he want?' said the man. 'Does he want you to dance with him?'

'No,' murmured the woman, 'I think he wants us to have a drink with him.'

The horse had got down from his stool and was bowing to them, making sweeping gestures with his forelegs. He had some difficulty in finding his words.

'You,' he explained, 'you, both, you have a drink with me.'

The man gave him a bored look.

'No thank you,' he said coldly.

The horse didn't seem to feel quite in his element. The woman was a little terrified. The man asked her how her Aunt Charlotte was. She was very important for them, Aunt Charlotte was. But it embarrassed the woman to talk about her in front of the horse, about Aunt Charlotte. She jibbed. The horse waited, patiently however, until they had finished their little aside. Handsomely greased by the cashier on the spree, the orchestra had resumed their labours and broken into a pot-pourri of waltzes, 1900. The horse waved its big legs about and taking advantage of a gap in the conversation relative to Aunt Charlotte, pronounced these words:

'Perhaps you think I'm drunk? Certainly not, certainly not, certainly not.'

He scanned these words, prancing about gracefully. Then he looked at them, rolling terrible eyes. He was a great big hack, black all over, somewhat gaunt, with nicely polished hoofs and a corkscrewed tail tied with a purple ribbon.

– Non, non, je ne suis pas ivre, mais je ne sais pas toujours mesurer mes gestes, mes paroles, mes mots, mes...

Il parut réfléchir :

– Mes entretiens. J'ai besoin de... J'ai besoin de...

Il parut réfléchir :

– De m'adapter. Oui, c'est cela : de m'adapter.

Il eut un large sourire qui découvrit une forte dentition jaunâtre, dans les interstices de laquelle on pouvait voir ici et là des bouts de foin.

– M'adapter, reprit-il béatement.

– Qu'est-ce qu'il tient[2], murmura l'homme.

– Tu n'aurais pas une cigarette? lui demanda la femme sans s'occuper du cheval. J'ai oublié les miennes.

L'homme lui tendit un paquet de gauloises. Mais le cheval plongeant avec vélocité une patte dans les fontes de sa selle en extirpa une boîte chamarrée de rouge et d'or. Il l'ouvrit. Elle contenait des morceaux de paille tordus et tressés en forme de cigarillos. Il en offrit un à la femme.

– Ça doit être dégueulasse[3], murmura la femme.

– Te laisse pas faire, lui conseilla l'homme discrètement.

– Non, merci, dit la femme, je préfère les gauloises.

Le cheval se tourna vers l'homme qui refusa.

– Moi aussi. D'ailleurs, je ne fume jamais après neuf heures du soir.

Le cheval les regarda d'un air suspicieux. Ils lui firent un aimable sourire. La femme alluma sa gauloise. L'homme n'alluma rien du tout. Le cheval se battait les flancs. Finalement, il remit la boîte dans ses fontes. A ce moment le comptable en goguette se cassa la gueule[4] sur le parquet et les garçons se mirent à dérouler des serpentins en faisant semblant de s'amuser beaucoup.

– Tu ne crois pas, dit l'homme, qu'on pourrait essayer de taper la tante Charlotte?

'No no, I'm not drunk, but I can't always control my movements, my remarks, my words, my . . .'

He seemed to be thinking:

'My conversations. I need to . . . I need to . . .'

He seemed to be thinking:

'To adapt myself. Yes, that's it – to adapt myself.'

He gave them a broad grin which revealed a set of strong yellowish teeth, in the interstices of which, here and there, bits of hay could be seen.

'To adapt myself,' he resumed complacently.

'He's absolutely tight,' the man murmured.

'You haven't got a cigarette have you?' the woman asked him, taking no notice of the horse. 'I've forgotten mine.'

The man held out a packet of Gauloises to her. But the horse, speedily thrusting a hoof into his saddle pocket, extirpated from it a box bedizened with red and gold. He opened it. It contained bits of straw twisted and plaited into the shape of cigarillos. He offered one to the woman.

'They must be revolting,' murmured the woman.

'Don't let yourself be bullied,' the man advised her discreetly.

'No thank you,' said the woman, 'I prefer Gauloises.'

The horse turned towards the man, who refused.

'Me too. Anyway, I never smoke after nine in the evening.'

The horse looked at them suspiciously. They smiled politely at him. The woman lit her Gauloise. The man lit nothing at all. The horse swished his tail from side to side. Finally he put the box back in his saddle pocket. At this moment the cashier on the spree fell on his bottom and the waiters started to throw paper streamers about, trying to look as if they were enjoying themselves.

'Don't you think,' said the man, 'that we could try and touch Aunt Charlotte?'

– Elle est si radin[6], dit la femme.

– Tout de même, dans notre situation.

– Essaye, toi, dit la femme. Elle t'aime bien.

– Oui, je sais bien. Quelle barbe[6]. Quelle vie.

Le cheval attendait gravement qu'ils eussent fini. Après cette dernière interjection, il jugea le moment d'intervenir.

– Moi aussi, j'ai une tante, dit-il d'un air fin. Et vous prendrez un verre avec moi, ajouta-t-il d'un air plus menaçant.

– Quel, commença l'homme, mais il s'interrompit pour boire une gorgée d'eau.

– Vous êtes Houyhnhnm? demanda la femme aimablement.

Cette question parut enchanter le cheval. Il se mit de nouveau à agiter ses grandes pattes et à rouler des yeux.

– Pas Houyhnhnm, hennit-il. Pas Houyhnhnm. Pas Houyhnhnm du tout. Devinez?

Et il se pencha vers eux, le regard brillant[7], comme s'ils eussent été un picotin d'avoine. Ou même deux.

– Pas Houyhnhnm, insista-t-il. Devinez.

Placés devant ce mystère, l'homme et la femme ne savaient que répondre.

– Quand pourrait-on aller la voir? demanda l'homme à la femme.

– Non, non, s'écria le cheval avec un bon sourire. Pas parler autre chose. Devinez.

– Houyhnhnm, dit l'homme avec résignation.

– Non, non, pas Houyhnhnm, pas Houyhnhnm.

– Alors on ne sait pas, dit l'homme avec résignation.

Le sourire du cheval devint de plus en plus paternel.

– Allons. Cherchez bien. Une ville fameuse. Devinez. Devinez.

– Il nous les casse[8], dit l'homme entre ses dents.

'She's so stingy,' said the woman.

'All the same, in our position.'

'You try,' said the woman. 'She likes you.'

'Yes I know she does. What a bore. What a life.'

The horse was waiting solemnly till they'd finished. After this last interjection he judged the moment ripe to intervene.

'I've got an aunt, too,' he said shrewdly. 'And you'll have a drink with me,' he added, in a more threatening manner.

'What a,' the man began, but he interrupted himself to drink a mouthful of water.

'Are you a Houyhnhnm?' asked the woman pleasantly.

This question seemed to delight the horse. He again started waving his great legs about, and rolling his eyes.

'Not Houyhnhnm,' he neighed. 'Not Houyhnhnm. Not Houyhnhnm at all. Guess?'

He leant over towards them, as if they were a peck of oats. Or even two. His eyes were shining.

'Not Houyhnhnm,' he insisted. 'Guess?'

Confronted with this mystery, the man and the woman didn't know what to answer.

'When could we go and see her?' the man asked the woman.

'No no,' exclaimed the horse, with a benevolent smile. 'Not speak other things. Guess.'

'Houyhnhnm,' said the man resignedly.

'No no, not Houyhnhnm, not Houyhnhnm.'

'Then we don't know,' said the man resignedly.

The horse's smile became more and more paternal.

'Come on. Just try. A famous town. Guess. Guess.'

'Bloody bore he is,' said the man between his teeth.

Mais le cheval avait toujours un bon sourire, et les montrait toujours, les siennes, de dents.

La femme fit une tentative.

– Auteuil?

– Non, s'exclama le cheval absolument ravi de ce petit jeu.

– Le Tremblay.

– Non, non.

– Chantilly?

– Non, non, non.

Elle énuméra d'autres champs de courses. Mais c'était toujours non.

A la fin, l'homme dit au cheval, en finissant son verre d'eau :

– On ne sait pas.

Et à la femme :

– Tu n'as pas soif? Tu ne veux pas un verre d'eau?

– Moi, je vous offre un verre, déclara le cheval avec autorité. Laissons ça de côté pour le moment. Alors vous pas savoir? Je veux dire : vous ne savez pas?

– Non, dit la femme.

– Eh bien, je suis de Troie.

– Ah! firent les autres.

– Je suis troyen, insista le canasson.

– Ah! troyen, dirent les autres.

– Oui, chsuis de Troie[9], hennit le cheval au comble de l'excitation.

– Il n'est pas saoûl, dit l'homme, il est drogué.

– D'ailleurs, dit le cheval de Troie, je vais vous montrer mon pedigree.

Il jeta en arrière une de ses pattes de devant et fouilla dans les fontes de sa selle. Il en tira un calepin crasseux qu'il se mit à feuilleter fiévreusement. Certaines pages avaient l'air tachées de crottin.

But the horse was still smiling benevolently, and was still showing them his; his teeth.

The woman had a shot.

'Auteuil?'

'No,' exclaimed the horse, absolutely delighted with this little game.

'Le Tremblay?'

'No no.'

'Chantilly?'

'No no no.'

She enumerated other racecourses. But it was still no.

In the end, finishing his glass of water, the man said to the horse:

'We don't know.'

And to the woman:

'Aren't you thirsty? Don't you want a glass of water?'

'With me. I want you to have a drink with me,' declared the horse authoritatively. 'We'll come back to that in a minute. Then you not know? I mean: you don't know?'

'No,' said the woman.

'Well then, I come from Troy.'

'Ah!' said the others.

'I'm Trojan,' insisted the nag.

'Ah, Trojan,' said the others.

'Yes, I comefm Troy,' neighed the horse, at the highest pitch of excitement.

'He's not drunk,' said the man, 'he's doped.'

'What's more,' said the horse from Troy, 'I'm going to show you my pedigree.'

He flung one of his forelegs behind him and rummaged in his saddle pockets. He pulled out a filthy notebook and started turning over its pages feverishly. Some pages looked as if they were stained with horse-dung.

– Vous voyez, hein, je suis né à Troie. Mais papa est né à Saratoga et maman à Epsom. Ils avaient deux pattes tous les deux. Moi vouloir dire : chacun deux pattes. Mais j'ai des ancêtres qui en avaient quatre.

– Non? fit l'homme d'un air dubitatif.

Il se tourna vers le barman et commanda deux verres d'eau.

– Demain tu vas être encore fauché, dit la femme.

– Et ce sera tout pour aujourd'hui? demanda le barman.

– Oui, dit l'homme.

– Arrêtez, arrêtez, dit le cheval au barman. J'offre un verre.

Le barman hésita.

– Donnez-nous toujours un verre d'eau pour deux, dit l'homme.

– Oui, oui, dit le cheval, tout à l'heure on va boire un verre ensemble, mais encore moi une chose poser, vous deviner. Je veux dire : j'ai encore une question à vous poser.

– Allez-y, dit l'homme avec un air jaune et confit qui lui gagnait tout le visage à partir de la commissure des lèvres.

Le cheval remit son pedigree dans les fontes de sa selle et en sortit ses foins fumables.

– Non? Vous ne fumez pas?

– Non, dirent l'homme et la femme en chœur.

Il se coula un cigarillo entre deux dents et le tendit vers le briquet du barman. Il en tira quelques bouffées qu'il projeta vers le plafond. Son visage s'était adouci, ses yeux semblaient trahir une certaine satisfaction. Et même de la prétention. Il reprit la parole en ces termes :

– Vous ne devinerez évidemment jamais mon métier.

– Vous faites du sport? suggéra timidement la femme.

'You see, eh, I was born in Troy. But Dad was born in Saratoga, and Mother in Epsom. They both had two hoofs. Mean to say, each one two hoofs. But I have some ancestors who had four.'

'No?' said the man dubiously.

He turned towards the barman and ordered two glasses of water.

'You'll be broke again tomorrow,' said the woman.

'And will that be all for today?' asked the barman.

'Yes,' said the man.

'Stop, stop!' said the horse to the barman. 'I'm inviting them to a drink.'

The barman hesitated.

'You can give us a glass of water for two all the same,' said the man.

'Yes, yes' said the horse, 'we'll have a drink together in a minute, but me still one thing to ask, you guess. I mean: I still have one question to ask you.'

'Go ahead,' said the man, with a yellow and martyred look which spread over all his face, starting from the corner of his mouth.

The horse put his pedigree back in his saddle pocket and took out his smokable hay.

'No? You don't want to smoke?'

'No,' said the man and the woman in chorus.

He slipped a cigarillo between two teeth and held it up to the barman's lighter. He took a few puffs at it which he projected towards the ceiling. His face grew calmer, his eyes seemed to betray a certain satisfaction. And even some pretension. He started to speak again as follows:

'You'll certainly never guess my profession.'

'Perhaps you go in for sports?' suggested the woman, diffidently.

– J'en fais un peu de temps en temps, répondit le cheval avec placidité. Je cours, en effet, de temps à autre, mais seulement dans les courses de gentlemen. Non, ce n'est pas ça. Je suis étudiant.

– En botanique? demanda l'homme essayant de faire un effort d'irrationalité.

– Pas mal, pas mal, répondit le cheval d'un air important. Non, en génétique.

– En quoi? demanda la femme.

Subitement intéressé, le barman tenta de se mêler à la conversation.

– Monsieur, dit-il au cheval, s'occupe de génétique?

– Exactement.

Il y avait un petit entr'acte. Les musiciens se tapaient des rafraîchissements. Le comptable en goguette s'était définitivement effondré entre les bras d'une femme de mauvaise vie. Un petit brouhaha traduisait seul la vie intellectuelle des personnes présentes.

Une sorte de respect ennuyé entourait le cheval. Celui-ci s'en satisfaisait fort. Il se mit à pérorer:

– Oui, dit-il, c'est une science qui concerne tout spécialement ma famille. Imaginez-vous.

Il fit un tour d'horizon avec ses gros yeux pour voir si on l'écoutait bien.

– Imaginez-vous, continua-t-il, que grand-papa était centaure et grand'maman jument. Alors, d'après les lois de Mendel, voici le résultat.

Il se tapota le poitrail à petits coups de sabot quelque peu pédants.

– Mais, ajouta-t-il avec fierté, j'ai une sœur qui a deux pattes. Elle est danseuse à Tabarin[10].

Il sourit d'un air fin.

– On la voit surtout dans le tableau intitulé : le Combat des Amazones.

'I do, a little, from time to time,' replied the horse, placidly. 'I race, it's true, now and then, but only in gentlemen's races. No, that's not it. I'm a student.'

'Of botany?' asked the man, trying to force himself into irrationality.

'Not bad, not bad,' replied the horse importantly. 'No, of genetics.'

'Of what?' asked the woman.

Suddenly interested, the barman tried to join in the conversation.

'You're interested in genetics, sir?' he said to the horse.

'Precisely.'

There was a short interval. The musicians were tucking in to some refreshments. The cashier on the spree had finally collapsed into the arms of a woman of easy virtue. A slight hubbub was all that betrayed the intellectual life of those present.

The horse was surrounded with a sort of bored respect. This gave him great satisfaction. He started to hold forth:

'Yes,' he said, 'it's a science that particularly concerns my family. Just imagine.'

He made a reconnaissance with his big eyes to see if they were really listening.

'Just imagine,' he continued, 'that grandpa was a centaur and grandma was a mare. And so, according to Mendelian laws, here's the result.'

He patted himself on the breast with his hoofs somewhat pedantically.

'But,' he added proudly, 'I have a sister who has two hoofs. She's a night-club dancer.'

He smiled knowingly.

'She's often to be seen in the tableau entitled "The Fight of the Amazons".'

Il prit son temps et envoya une bouffée de fumée de foin vers le plafond.

— Elle joue le rôle d'un petit cheval.

Un autre temps.

— Ce sont les petites ironies de la vie, conclut-il.

Le barman s'esclaffa, enchanté.

L'homme et la femme essayèrent de grimacer.

— Il le fait attendre, son glass, grogna l'homme à mi-voix.

L'oreille fine du barman saisit l'allusion. Il demanda d'un ton enjoué :

— Alors, qu'est-ce que ce sera pour ces messieurs-dame?

— C'est ça, c'est ça, hennit le cheval en faisant de nouveau des gestes désordonnés avec ses pattes de devant. Un verre, je vous offre un verre.

— Qu'est-ce que tu veux prendre? demanda l'homme à la femme.

La femme hésita un peu.

— Un gin fizz, finit-elle par dire.

— Un gin fizz pour Mademoiselle, confirma le barman avec un enthousiasme croissant.

— Moi aussi, un gin fizz, dit l'homme.

— Et pour Monsieur? demanda le barman au cheval.

— Gin fizz, dit le cheval.

— Ça fera trois gin fizz, beugla le barman.

Il se précipita sur ses appareils, cependant que l'orchestre réattaquait une nouvelle sélection d'airs 1900 à la demande générale des danseurs en chapeau mou.

— Tu as raison, dit la femme à l'homme, on n'a pas autre chose à faire. Faut que tu ailles taper la tante Charlotte.

— J'irai demain, dit l'homme. Mais ça n'est pas drôle.

— Et quel âge me donnez-vous? leur demanda le cheval.

He took his time and sent a puff of hay-smoke towards the ceiling.

'She takes the part of a little horse.'

Another pause.

'It's just one of life's little ironical touches,' he concluded.

The barman roared with laughter, delighted.

The man and the woman tried to grin.

'Nothing like keeping you hanging around for it,' grumbled the man under his breath.

The acute ear of the barman grasped the allusion. He asked playfully:

'Well, what's it going to be, ladies and gents?'

'That's right, that's right,' neighed the horse, again starting to gesticulate wildly with his forelegs. 'A drink. I'm standing you a drink.'

'What would you like?' the man asked the woman.

The woman hesitated for a moment.

'A gin fizz,' she finally said.

'A gin fizz for the lady,' the barman confirmed with growing enthusiasm.

'Me too – a gin fizz,' said the man.

'And for you, sir?' the barman asked the horse.

'Gin fizz,' said the horse.

'That'll be three gin fizzes,' bawled the barman.

He swooped down on his appliances while the orchestra attacked a new selection of tunes, 1900, in answer to the general demand of the felt-hatted dancers.

'You're right,' the woman said to the man, 'there's nothing else we can do. You'll have to go and touch Aunt Charlotte.'

'I'll go tomorrow,' said the man. 'But it isn't funny.'

'And how old would you say I was?' the horse asked them.

Ils tournèrent la tête vers lui.

– Quarante ans, dit la femme d'une voix terne.

– Tu es folle, lui dit l'homme à voix basse. A cet âge-là, un cheval est crevé[11].

Il se tourna vers le cheval.

– Non, dit-il. Deux ans et demi, trois ans.

– Juste, dit le cheval avec satisfaction.

Puis son visage changea subitement d'expression et devint tout froid.

– Mais, demanda-t-il à l'homme, pourquoi vous dire : crever?

– Moi? répondit l'homme d'un air faussement innocent.

– Oui, vous, dit le cheval. Pourquoi vous dire : crever?

– Ah! oui, fit l'homme d'un air dégagé. Crever. Crever.

– Oui, crever, dit le cheval.

Il se mit à faire de grands gestes avec ses pattes de devant, puis brusquement décocha dans le vide une énergique ruade. Les danseurs s'écartèrent respectueusement.

– Crever, hennit-il, vous avez dit crever.

– Je parlais de la tante Charlotte, dit l'homme.

– Mais oui, c'est ça, s'exclama la femme. Tout à l'heure on parlait de la tante Charlotte.

– Qui allait bientôt crever, ajouta l'homme.

Ils se mirent à rire d'un air entendu.

Le cheval s'était apparemment calmé. Il les regardait maintenant d'un œil sévère et ovale.

– Voilà les trois gin fizz pour ces messieurs-dame, dit le barman en plaçant les verres devant les consommateurs.

– Non, fit le cheval.

D'un coup de sabot adroit, mais digne, il fit glisser les deux autres gin fizz devant le sien.

– Les trois pour moi, dit-il au barman.

Il se tourna vers ses deux amis d'un air calme et majestueux.

They turned their heads towards him.

'Forty,' said the woman dully.

'You're crazy,' said the man in a low voice. 'At that age he wouldn't be a horse, he'd be a carcass.'

He turned towards the horse.

'No,' he said. 'Two and a half, three.'

'Precisely,' said the horse with satisfaction.

Then his expression suddenly changed and became quite frigid.

'But,' he asked the man, 'why you say carcass?'

'Me?' replied the man, with a falsely innocent air.

'Yes, you,' said the horse. 'Why you say carcass?'

'Oh! yes,' said the man airily. 'Carcass. Carcass.'

'Yes, carcass,' said the horse.

He started waving his forelegs about and then suddenly lashed out energetically at nobody in particular. The dancers moved away respectfully.

'Carcass,' he neighed, 'you said carcass.'

'I was talking about Aunt Charlotte,' said the man.

'Yes, of course,' exclaimed the woman. 'We were talking about Aunt Charlotte just now.'

'Who's sure to die soon,' added the man.

They started to laugh knowingly.

The horse seemed to have calmed down. He now looked at them with a severe and oval eye.

'Here's your three gin fizzes, ladies and gents,' said the barman, putting the glasses down in front of the customers.

'No,' said the horse.

With a deft, yet dignified, touch of the hoof, he slid the other two gin fizzes in front of his.

'The three for me,' he said to the barman.

He turned calmly and majestically towards the two friends.

– La tante Charlotte, lui expliqua l'homme, elle va bientôt crever.

Le cheval ne lui répondit pas.

– Et puis, il nous les casse, dit l'homme à la femme. Viens.

Ils descendirent de leurs tabourets.

– Bonsoir, leur dit le barman impartialement.

– Bonsoir, répondirent-ils.

Ils s'arrêtèrent sur le pas de la porte.

Il s'était mis à neiger.

– Tu vas encore te mouiller les pieds, dit l'homme.

– Qu'est-ce que tu veux, dit la femme.

Ils se retournèrent et virent le cheval qui avait déjà avalé deux des gin fizz. Le cheval fit semblant de ne pas les voir. Il se mit à boire le troisième. Avec une paille.

Ils sortirent.

– Vacherie[12] de temps, dit l'homme.

– T'en fais pas, dit la femme.

– Demain j'irai taper la tante Charlotte, dit l'homme.

'Aunt Charlotte,' the man explained, 'is sure to die soon.'

The horse didn't answer.

'Anyway he's a bloody bore,' the man said to the woman. 'Come on.'

They got down from their stools.

'Goodnight,' said the barman impartially.

'Goodnight,' they replied.

They stopped when they got to the door.

It had started to snow.

'You'll get your feet wet again,' said the man.

'Oh well,' said the woman.

They turned round and saw the horse who had already drunk two of the gin fizzes. The horse pretended not to see them. He started to drink the third. With a straw.

They went out.

'Stinking weather,' said the man.

'Don't get excited,' said the woman.

'Tomorrow I'll go and touch Aunt Charlotte,' said the man.

THE LITTLE SQUARE

PIERRE GASCAR

Translated by Val Cohen

LA PETITE PLACE

C'ÉTAIT au-dessus de la maison du boulanger que je voyais venir le temps. Non qu'elle fût plus basse que toutes celles qui enserraient la petite place mais elle se dressait du côté de l'Ouest et son toit de tuiles rondes, blondies par le soleil, se trouvait à contre-courant[1] du ciel.

Dans les journées les plus calmes, quand le vent inclinait à peine la fumée de la cheminée du four, je voyais monter avec lenteur, au-dessus du faîte de la boulangerie, de gros nuages blancs qui ne s'assombriraient que beaucoup plus tard et garderaient longtemps une frange de lumière. L'orage se substituait au soir, s'alourdissant de l'ombre du déclin et tirant une nuit plus basse sur le monde.

La maison de boulanger dont le fournil ouvrait sur la petite place vivait contre la lumière d'abord immobile et lentement pâlissante du ciel puis contre l'obscurcissement des nuées, enfin contre les premiers souffles de l'orage qui rabattaient la fumée sur le toit et la place dans un tourbillon d'incendie.

Les fournées se suivaient, les lueurs du four dansant, par moments, dans la salle où s'activaient deux hommes au torse nu, blancs et amaigris par le feu. Le four rougi, ils versaient les braises, afin de les étouffer, dans de larges bidons de tôle aussi hauts que l'enfant de dix ans que j'étais et ils les plaçaient devant la porte du fournil où ils refroidiraient.

La place, sous le soleil déjà brûlant d'avant l'orage, semblait alors s'embraser. C'était une chaleur obscure, l'étouffement de l'enfer, un été aveugle ajouté à l'été. Lorsque je m'approchais des bidons, j'entendais le crissement du charbon de bois en train de se faire. Plus tard, dans le fournil

THE LITTLE SQUARE

I USED to watch the storm coming up over the baker's house. Not that the house was lower than all those which were crowded around the little square, but it stood on the west side, and its roof of round, sun-bleached tiles mirrored the sky.

On the calmest days, when the wind scarcely swayed the smoke from the oven chimney, I saw, slowly rising above the top of the bakery, big white clouds which only darkened much later and stayed for a long time fringed with light. The storm anticipated the evening, growing heavy with the sunset shadows, and drawing a deeper night over the world.

The baker's house, with its bakery looking out on to the little square, withstood the daylight, at first constant, then slowly fading, then the darkening of the clouds, and finally the first gusts of the storm, which beat the smoke back on to the roof and into the square in a fiery swirl.

Batches of bread followed one another, the glow of the oven flickering at intervals in the room where two men were working, their bare backs white and emaciated from the fire. When the oven was red-hot, they poured the embers to deaden them into large metal drums, as tall as the child of ten that I then was, and they put them outside the bakery door to cool.

Then the square, in the blazing sun that goes before a storm, seemed to catch fire. It was a sultry heat, a stifling inferno, a sightless summer added to the summer. When I went up to the drums I heard the crackling of wood charcoal being formed. Later in the bakery, which the two

que les deux boulangers venaient de quitter pour aller boire, les pains chauds alignés crissaient aussi comme une prairie au soleil dans le bruit des sauterelles.

L'odeur du pain, devenait, lorsque je fermais les yeux, l'exhalaison d'une terre laissée par le feu et s'écaillant dans l'attente de la pluie. On aurait dit qu'avec l'orage un peu de l'ombre encore ardente du four vide était maintenant dans le ciel. Poussée par un courant d'air venu de la porte ouverte du fournil, de la cendre de bois courait au milieu de la place, petite traînée grise retombée, vite confondue avec la poussière où s'ébouriffait une poule noire.

Les premières gouttes de la pluie venaient parfois avant que les grands bidons emplis de braise fussent froids et grésillaient sur leurs couvercles où j'essayais en vain de faire cuire de petites galettes faites de pâte à pain prise dans le fournil.

Je regagnais notre maison, de l'autre côté de la place, et je restais sous l'auvent à regarder tomber la pluie, courir les nuées. En face, le fournil s'illuminait d'une fournée nouvelle. La fumée du four luttait contre le vent et jetait parfois une poignée d'étincelles sur le soir bleu d'orage.

En bas, les deux corps blancs s'agitaient dans les lueurs et le fournil devenait pour moi la soute d'un steamer, sa fumée rabattue, dans le tempête. Les odeurs avaient disparu, la fraîcheur venait enfin, une fadeur d'eau dans le vent : la pluie avait éteint le pain.

Il n'y avait pas que des orages. Il y avait aussi les jours d'hiver où la chaleur des bidons ouvrait, sur le seuil du fournil, une zone d'accueil et le vent y faisait courir des traînées de farine et de cendre semblables à une fine neige. Lorsque la porte du fournil s'ouvrait, pour se refermer aussitôt, l'odeur du pain chaud entrait dans le silence du gel comme une parole d'homme qu'on intercepte : l'hiver faisait parler le pain.

bakers had just left to have a drink, rows of hot bread were crackling too, like a sunny field with the sound of grasshoppers.

When I closed my eyes, the smell of the bread was like the sighing of a fire-ravaged land which was flaking in its wait for the rain. You would have said that with the oncoming storm some of the darkness, still glowing from the empty oven, now appeared in the sky. A draught from the open door of the bakery sent wood ash scurrying to the middle of the square, a little slack grey trail, soon lost in the dust where a black hen was scratching.

The first drops of rain sometimes fell before the great drums filled with embers were cold, and sputtered on their lids, where I vainly tried to cook little cakes made of bread-dough stolen from the bakery.

I went back to our house on the other side of the square and stayed under the porch watching the rain come down and the clouds scudding by. Opposite, the bakery was glowing for a new batch of bread. The smoke from the oven struggled against the wind and sometimes loosed a handful of sparks into the storm-blue evening.

Below, the two white bodies moved about in the glow, and the bakery became for me the engine room of a steamer with its smoke flattened in the storm. The smells had disappeared, and a freshness came at last with insipid drops in the wind: the rain had extinguished the bread.

There were not only stormy days. There were those winter days too when the heat from the drums outside the bakery door created an area of warmth, and the wind chased little trails of flour and ash like a fine snow. When the bakery door was opened, if only to be shut again immediately, the smell of hot bread penetrated the stillness of the frost like a word from a man who is interrupted: winter made the bread articulate.

Mais que l'orage menaçât et la pluie, que le gel durcît le sol, qu'un matin de printemps fût dans le ciel, avec des vols de pigeons au-dessus de la place, ou qu'il plût doucement dans le jour diminué, la femme du boulanger courait...

C'était la femme du plus jeune des deux hommes, le père et le fils travaillant au fournil. Elle était assez grande et brune, avec, sur le visage, une expression d'attente soucieuse. Elle refermait, derrière elle, la porte vitrée du fournil, restait immobile sur le seuil à inspecter la place et, la jugeant sans doute assez déserte, elle se lançait en avant.

Elle courait toute droite, les mains nouées devant sa poitrine, et jetait ses jambes de côté, à la façon des femmes qu'une jupe entrave. Elle atteignait le côté opposé de la place, un peu à gauche de notre maison, où restait ouverte tout le jour une remise dépendant de la boulangerie. Une vieille camionnette qui servait à livrer le pain dans les fermes y était garée.

La femme du boulanger faisait un pas à l'intérieur de la remise, consolidait de la main sa chevelure noire, se retournait et se lançait, de nouveau, en courant, à travers la place déserte.

Arrivée sur le seuil du fournil, elle regardait par les vitres ternies de farine, comme pour s'assurer qu'aucun des deux boulangers ne faisait attention à elle, et, personne ne paraissant sur la place, elle courait, une fois de plus, vers la remise, en revenait. Son manège se répétait pendant quelques minutes encore puis, essoufflée ou se sentant observée, elle rentrait dans le fournil.

Une heure plus tard, elle se rendait, à nouveau, à cette urgence sans objet, à ces allées et venues précipitées, à cette fuite enfermée qu'elle prolongeait jusqu'à l'épuisement quand l'heure y était propice. Je la voyais alors, plus pâle, comprimer de la main son cœur avant de rentrer dans le

But whether storm and rain threatened, or frost hardened the ground, or the sky was that of a spring morning with flights of pigeons above the square. or rain fell gently in the gathering dusk, the baker's wife used to run. . . .

She was the wife of the younger of the men, both father and son working in the bakery. She was fairly tall and dark and her face had a look of anxious expectation. She used to close the glass-paned door of the bakery behind her, stand still in the doorway to scrutinize the square and, presumably deciding it was deserted enough, dart forward.

She ran very upright, with her hands clasped in front of her bosom, and kicked her legs out to the side like women do when they are hindered by their skirts. She would reach the opposite side of the square, a little to the left of our house, where there was a coach-house belonging to the bakery which stood open all day. An old van used for delivering bread to the farms was housed there.

The baker's wife would step inside the coach-house, pat her dark hair into place, turn round, and dash once more across the deserted square.

Having reached the bakery door she would look through the flour-dimmed windows as if to make sure that neither of the two bakers had noticed her, and if there was no one in the square, she would once more run to the coach-house and come back. This little game used to go on for a few minutes more, then, out of breath or conscious of being watched, she would go back into the bakery.

An hour later she would again give herself up to this pointless agitation, these hurried comings and goings, this private scurrying that she spun out, when the time was right, to the point of exhaustion. Then I used to see her, paler than ever, press her hand to her heart before going

fournil et une sorte d'apaisement ou de joie éclairait son visage : on sentait qu'elle était sauvée.

Ce salut durait peu. La matinée ou l'après-midi ne s'achevait pas sans que je visse réapparaître, sur le seuil du fournil, la femme du boulanger de nouveau soucieuse et, les mains jointes, nerveuses, s'apprêtant à courir. Ma présence ne comptait pas pour elle. Je jouais dans la terre, souvent sur son passage et ses talons claquaient près de ma figure, dans un envol de jupes noires, de jarrets fins. La femme du boulanger se détournait à peine. Pour un peu, elle m'aurait enjambé.

Elle se souciait également fort peu des habitants de la petite place qui poursuivaient, chaque jour, devant leurs maisons, les mêmes occupations : la vieille femme, tournant le dos, courbée sur un baquet, le fruitier empilant avec lenteur des cageots souillés du jus des fruits de l'été, le maréchal-ferrant.

Son atelier donnait dans un coin de la place, à l'angle de la ruelle qui s'y amorçait. C'était un lieu en retrait, pavé de cailloux de rivière et toujours sombre, habité par le feu de la forge, un feu à l'ardeur sulfureuse, parcouru de la respiration du soufflet ou bleu. Il régnait là une odeur de corne brûlée, de fer chaud et la peine des bêtes qu'on ferre.

On ferrait les chevaux dehors. Déséquilibrés, ils glissaient sur les cailloux ronds du pavage. Le fils du maréchal, courbé et les mains lacées comme pour la courte échelle recueillait tout leur poids contre son tablier de cuir. C'était un garçon au front blanc sous des mèches sombres. Il venait d'être soldat, parlait peu et se mordait les lèvres lorsque le cheval alangui par le tourment du ferrage glissait sur lui.

Pour les bœufs et les vaches qu'on attelait beaucoup dans la région, tout se passait à l'intérieur de la maréchalerie, dans

back into the bakery, and a sort of contentment or joy illuminated her face: you felt she was saved.

This salvation didn't last long. No morning or afternoon passed by without my seeing the baker's wife reappear at the doorway of the bakery, as anxious as ever, with her hands clasped nervously, preparing to dash off. My being there didn't make any difference to her. I played on the ground, often in her way, and her heels used to clatter close to my face in a flurry of black skirts and slim knees. The baker's wife scarcely swerved: for two pins she would have leapt over me.

She paid the same scant attention to the people living in the little square who every day carried out the same work in front of their houses: the old woman with her back turned, bent over a tub, the greengrocer slowly piling up crates stained with the juice of summer fruits, the blacksmith.

His workshop looked out on to a corner of the square, at the fork where the lane started. It was a secluded place, paved with pebbles from a river bed, and always gloomy since it was the home of the smithy fire. This fire was either bluish, or burned with a sulphurous glow when blown by the bellows. The smell of burnt horn, hot iron, and the suffering of animals being shod prevailed.

They shod the horses outside. Off balance, they used to slide on the round pebbled surface. The blacksmith's son, bent over with his hands clasped as if to give someone a leg-up, took all their weight against his leather apron. He was a boy with a pale complexion and a shock of dark hair. Just out of the army, he spoke very little, and bit his lips when the horse, weak from the pain of being shod, slipped against him.

As for the oxen and cows that were often yoked to the plough in the region, everything went on inside the smithy,

le bâti de bois souillé de bouse du lourd appareil qu'on appelle un « travail ».

Des sangles soutenaient la bête, des poulies l'élevaient au milieu du branlant échafaudage et sur ses pattes raidies se refermaient des carcans de bois. La vache ruait longtemps encore mais, immobilisée, n'imprimait plus ses mouvements qu'au grinçant édifice du supplice. Il oscillait lentement : la fureur devenait roulis, l'effort désespéré devenait la vague plus courte qui cogne. Dans l'ombre de la maréchalerie que rendaient mouvante les lueurs de la forge et où grandissaient les mâts du travail barrés de cordes tendues, voguait une vache gréée.

De ce côté-là de la place, dans l'étranglement de la ruelle, tout n'était que patiente violence, ombre d'hiver, rougeoiments ou courtes flammes bleues, odeur de charbon ou de corne, murs enfumés écussonnés de fers. On y attisait[a] une souffrance sans cris, proche de l'ennui, et reversée, dans la lenteur du jour, aux deux hommes qui enfonçaient des clous dans le sabot des bêtes.

Comme la boulangerie, avec son feu dansant, eût paru claire, dans l'odeur généreuse du pain, si je n'avais su qu'une chaleur d'orage ou une certaine immobilité dans le soir suffisait à corrompre ses vertus, à faire entrer le pain dans la malédiction, à transformer cette maison en un enfer blanchi où régnait une bonté étouffante !

Et même dans le cours ordinaire des jours, quand l'air était léger, quand c'était le printemps, quand les deux boulangers étaient gais et me laissaient entrer dans le fournil où je recueillais, le long du pétrin, de la pâte pour mes galettes qui ne parviendraient pas à cuire sur les bidons de braise et que je ne pourrais jamais manger, je devinais parfois que la simplicité de cette maison vouée à l'idylle du pain pouvait devenir monotone et cruelle.

in the dung-stained wooden frame of a hefty construction called a 'sling'.

The animal was supported by straps and hauled up into the middle of the shaky scaffolding by pulleys where wooden rings were closed round its rigid hoofs. The cow used to struggle for a long time afterwards but, firmly held, its movements only made themselves felt on the squeaking instrument of torture. It swayed slowly: fury was reduced to a rolling motion, desperate struggles were like a small wave breaking. In the darkness of the smithy, made mobile by the flickering of the fire, and where the masts of the sling criss-crossed by straining ropes loomed large, sailed a tethered cow.

On that side of the square where the lane narrowed, there was only patient violence, winter gloom, a red glow or small blue flames, the smell of coal or horn, smoke-blackened walls emblazoned with horseshoes. You could sense a heroic suffering there, near to tedium, which, in the lingering day, was reflected in the two men sinking nails into animals' hoofs.

How bright the bakery would have seemed with its flickering fire and the welcoming smell of bread, had I not known that a thundery heat or a certain stillness in the evening would be enough to taint its virtue, to put a curse on the bread, and to transform that house into a whited hell where a stifling goodness prevailed!

And even in the normal run of days, when the air was mild, when it was spring, when the two bakers were light-hearted and let me into the bakery to scrape up dough from the kneading-bench for my cakes – which never got cooked on the drums full of embers, and which I could never eat – I sensed sometimes that the simplicity of this house, dedicated to the idyll of bread, could become monotonous and cruel.

Sans doute, était-ce pour reconquérir une liberté plus vive, que la femme brune courait. On la disait coquette, soucieuse de se garder svelte par ces exercices répétés. On lui trouvait quelques excuses : chacun savait que l'odeur du pain, respirée tout le jour, nourrissait et faisait grossir si l'on restait inactif. Enfin le boulanger était jaloux et ne laissait jamais sa femme sortir seule dans le village.

Sous les raides cheveux blanchis par la farine, le visage du jeune boulanger exprimait une sorte d'ahurissement triste. L'homme apparaissait parfois sur le seuil du fournil, le torse nu, frileux et voûté, semblable à un baigneur surpris par l'ombre et attendant une cabine libre pour pouvoir remettre ses habits. Il regardait sa femme courir vers la remise et lorsqu'elle en revenait, toujours en courant, il la faisait rentrer dans le fournil où je la voyais, farouche dans la lueur du four, faire des gestes d'impatience.

Je devinais que le boulanger reprochait à sa femme de se donner en spectacle aux habitants de la place. Elle devait penser qu'ils étaient absorbés par leurs tâches, trop habitués à la voir courir pour s'en distraire. Moi, je savais qu'ils étaient moins indifférents qu'il n'y paraissait d'abord.

Passait encore l'attention ensommeillée de la grosse et vieille femme habillée de noir qui s'était enrichie dans la fabrication de conserves et qui restait assise, dès le printemps, sur son balcon de bois garni de capucines ; passait aussi le regard las, lui-même couleur de lessive, de la femme redressée, un instant, au-dessus de son baquet ; passait enfin le coup d'œil sans pitié que le fruitier, un homme chauve et sec, jetait à la femme du boulanger, en maintenant de la main l'équilibre de ses cageots. Il la traitait de putain, entre ses dents. J'étais près de lui. Je comprenais mal le mot mais je savais qu'il était une injure. L'injure ne pesait pas. Pas plus que ne pesaient les regards de tous ces témoins.

Il n'y avait qu'un seul regard qui pesât et brûlât, sur la

No doubt the dark-haired woman ran to gain a more real freedom. They said she was coquettish and bent on keeping slim by this repeated exercise. They found excuses for her: everyone knew that the smell of bread, breathed in all day, was nutritious and fattening if you took no exercise. Besides the baker was jealous and never let his wife go out alone in the village.

The face of the young baker, beneath wiry hair which was whitened by the flour, betrayed a sort of sad bewilderment. He sometimes appeared at the doorway of the bakery, stripped to the waist, cold and hunched up, like a bather overtaken by darkness waiting for an empty changing hut to dress in. He used to watch his wife running to the coach-house, and when she came back, still running, he made her go back into the bakery where I could see her, angry in the firelight and making impatient gestures.

I guessed that the baker reproached his wife for making an exhibition of herself in front of the people in the square. She must have thought that they were absorbed in their work, too used to seeing her running to take any notice. I knew they were less indifferent than it looked at first.

The drowsy attentiveness of the stout old woman dressed in black, who had made her money from a jam factory and who, as soon as it was spring, used to sit on her nasturtium-decked wooden balcony, didn't count; the tired gaze, itself the colour of dirty washing, of the woman standing up for a moment from over her washtub didn't count either; nor finally did the pitiless glance that the greengrocer, a bald and gaunt man, cast at the baker's wife whilst steadying his crates with his hand. He called her a whore, but in a low voice. I was close to him and I didn't really understand the word, but I knew it was an insult. The insult did not matter. No more than the gaze of all those witnesses.

In the whole square there was only one serious and

place, qui atteignît une fixité douloureuse et me donnât de l'inquiétude : le regard du fils du maréchal-ferrant.

Le garçon était un peu courbé, soutenant des deux mains le sabot du cheval qu'on ferrait, le regard tourné vers la place. Le père rapportait de la forge le fer rougi, l'appliquait sur la corne qui fumait et, à travers le petit nuage âcre, le fils du maréchal regardait encore la femme du boulanger courir.

Lorsqu'il n'y avait pas de cheval à ferrer, il s'attardait devant l'atelier à de vagues besognes, ramassait, entre les cailloux ronds, les longs clous cunéiformes échappés de la main du maréchal pendant les ferrages puis, se redressant, restait, le poing fermé sur les clous, à regarder courir la femme brune. Dans ces moments-là, je trouvais que le fils du maréchal avait l'air méchant.

Je n'étais pas le seul qu'il effrayât un peu. Les gens du quartier répétaient à voix basse qu'il était en train de perdre l'esprit. Il avait toujours été taciturne et c'était ainsi, en général, que ce mal s'annonçait. Parfois, dans la journée, le fils du maréchal portait un seau d'eau devant la porte de la forge, et, y puisant des deux mains, s'aspergeait longuement la tête.

Il était pâle et de l'égarement se lisait dans ses yeux. Il laissait longtemps ses mains mouillées appliquées sur sa figure, comme si elle avait été douloureuse et comme si la fraîcheur de l'eau avait été le seul remède, à moins que le seul remède fût d'écraser ainsi les paumes de ses mains sur ses yeux et de n'y plus rien voir.

Pourtant, derrière la dureté de son visage, derrière la fixité presque cruelle de ses yeux, quand il regardait courir la femme du boulanger, je découvrais comme un agrandissement, une avidité, une joie.

Le boulanger qui venait de sortir sur le seuil du fournil et qui, le torse nu, se frottait le haut des bras était trop loin

smouldering look, which reached an aching intensity and worried me; the look of the blacksmith's son.

The boy stood slightly bent, both hands supporting the hoof of the horse they were shoeing and his eyes turned towards the square. The father brought the red-hot shoe from the forge, pressed it on the hoof which gave off smoke, and through the small acrid cloud the blacksmith's son continued to watch the baker's wife running.

When there was no horse to shoe he used to linger in front of the smithy doing various jobs, picking up the long wedge-shaped nails dropped by the blacksmith when shoeing from between the round pebbles, then, straightening up, with the nails gripped in his hand, he would stay to watch the dark-haired woman running. At moments like that, I thought the blacksmith's son looked evil.

I was not the only one he frightened somewhat. The people in the neighbourhood whispered that he was going mad. He had always been taciturn and that was usually the way this trouble started. Sometimes during the day the blacksmith's son carried a bucket of water outside the door of the smithy, and dipping both hands in, used to splash his head again and again.

He was pale, and you could see a sort of wildness in his eyes. He would stay for a long time with his wet hands pressed to his face, as if it had been hurting, and as if the coolness of the water were the only relief, unless the only relief was to press the palms of his hands to his eyes like that and no longer see anything.

Yet behind this harsh face, behind this almost cruel un-wavering gaze when he watched the baker's wife running, I detected something like a flowering, an eagerness, a joy.

The baker, who had just come to the doorway of the bakery, stripped to the waist, and rubbing the upper part

pour voir de quoi s'éclairait, sous son air de souffrance, le visage du fils du maréchal. Il n'en poussait pas moins sa femme à l'intérieur du fournil dès qu'en courant elle l'avait rejoint. Ses gestes avaient de la fermeté. Il soustrayait sa femme à un péril dont l'immobilité du fils du maréchal et l'obscure transparence de son visage ne me donnaient qu'une confuse idée.

Un peu plus tôt, alors qu'il regardait courir sa femme, le boulanger n'avait pas semblé voir le fils du maréchal debout, les poings fermés, à l'angle de la place. On disait qu'il était dangereux de regarder les fous : le regard humain les aimantait et leur nommait l'objet de la violence dont jusqu'alors ils réprimaient l'éveil.

Depuis quelques jours, moi-même, je ne regardais plus le fils du maréchal qu'à la dérobée ou dans les instants où il ne se tenait pas droit et crispé, à l'angle de la place. La place, il me la volait maintenant, il l'annexait tout entière, sous son fixe regard, et il me semblait, dans ces moments-là, que, de l'atelier, venait, plus forte sur nous, une odeur de corne et de braise.

Avant, la place m'appartenait, avec son ormeau au tronc incliné où je grimpais à califourchon, ses rigoles d'eau sale où je noyais des mouches, son ciel d'ouest glissant au-dessus de la maison du boulanger, toute cette paix qu'un seul regard suffisait maintenant à détruire et qu'altéraient aussi tant de regards détournés.

Par prudence, j'avais pris le parti de détourner le mien, à l'exemple du boulanger et ce fut juste à cette époque-là que la femme brune qui courait sur la place se mit, elle, à regarder le fils du maréchal.

J'observai qu'elle choisissait désormais pour sortir du fournil le moment où son mari et son beau-père, la fournée achevée, allaient se rafraîchir dans la cuisine et, plus encore, les jours où son mari livrait le pain dans les fermes éloignées.

of his arms, was too far away to see why the face of the blacksmith's son brightened beneath its pained look. Nevertheless he pushed his wife inside the bakery as soon as she came running back to him. His actions had a certain firmness: he was protecting his wife from a danger of which I had only an inkling from the stillness of the blacksmith's son and the remote transparency of his face.

A little earlier when he watched his wife running, the baker hadn't appeared to see the blacksmith's son standing with clenched fists in the corner of the square. They said it was dangerous to look at madmen: the human gaze drew them like a magnet and singled out an object for the violence they had hitherto kept in check.

For several days I myself had only looked stealthily at the blacksmith's son or at the times when he wasn't standing upright and tense in the corner of the square. He stole the square from me then, he took complete possession of it with his steadfast gaze, and I imagined that at such times the smell of burnt horn and cinder from the smithy came over us more strongly.

Before, the square belonged to me, with its elm whose bent trunk I used to climb astride, its gutters of dirty water where I used to drown flies, its sky to the west gliding over the baker's house, all this peace that a solitary gaze was now enough to destroy and that was spoiled too by so many averted eyes.

Discreetly I had decided to avert mine, following the baker's example, and it was just at this point that the dark-haired woman, running across the square, began to look at the blacksmith's son.

I noticed that from then on she chose to leave the bakery just when her husband and father-in-law, having finished one batch of baking, went into the kitchen to have something to drink, and more often, the days when her husband

En courant entre le fournil et la remise, la femme du boulanger tournait, à deux ou trois reprises, son regard vers le fils du maréchal qui, pas à pas, s'avançait jusqu'à la limite extrême de l'aire pavée de la forge. D'abord, le fils du maréchal gardait ses poings fermés puis, vers la fin, quand la femme brune l'avait regardé plusieurs fois, il les ouvrait et il faisait glisser lentement ses mains le long de son tablier de cuir.

Dans les regards de la femme du boulanger, moi, je ne lisais rien. Rien qu'une immense gravité. C'étaient de ces regards d'adultes, chargés d'ombre, battus de mouvements de paupières et qui me faisaient penser qu'on allait manquer de pain ou que quelqu'un était sur le point de mourir, près de nous.

Le fruitier de qui je m'approchais souvent car il me donnait des lattes de cageot avec lesquelles je construisais des avions, entretenait mes craintes. Il surprenait, lui aussi, ces échanges de regards entre la femme qui courait, les mains jointes sur sa poitrine, et le fils du maréchal, plus pâle que jamais et figé. Le fruitier répétait, entre ses dents, que cela finirait mal, oui, que cela finirait mal, un jour.

Quel jour? Je regardais venir le ciel au-dessus de la maison du boulanger. Il était aussi lent qu'avant, porteur de nuées ou doré de lumière, et je me demandais si ses obscurcissements et ses flamboiements reflétaient notre vie, si les histoires des hommes faisaient, là-haut, des éclaircies, des ombres, et si, le jour où, sur la petite place, quelque chose finirait mal, comme l'annonçait le fruitier, une taie[3] jamais encore vue, un orage plus jaune, une brume plus basse nous couvrirait.

En attendant, la place devenait un champ clos[4] où se croisaient des forces mystérieuses. Jamais, elle ne m'avait semblé aussi petite et le pire était que je m'y sentais de trop.

was delivering bread to the outlying farms. Running between the bakery and the coach-house, the baker's wife
glanced two or three times at the blacksmith's son who,
little by little, came right to the edge of the paved stretch in
front of the forge. At first the blacksmith's son kept his
fists clenched, but towards the end, when the dark-haired
woman had looked at him several times, he opened them
and ran his hands slowly down his leather apron.

As for me, I could see nothing in the glances of the baker's
wife. Nothing but a tremendous gravity. It was one of those
grown-up looks, laden with ambiguity, vibrant with
flutterings of eyelashes, which made me think that we were
going to be without bread or that someone close by was at
death's door.

The greengrocer, whom I often went to see because he
gave me slats of wood from which I made aeroplanes,
fostered my fears. He too had caught this exchange of looks
between the woman who ran, her hands clasped on her
bosom, and the blacksmith's son who, paler than ever,
stood rooted to the spot. The greengrocer used to say, in a
low voice, that it would come to a bad end, yes, it would
come to a bad end one day.

Which day? I watched the sky moving above the baker's
house. It was as slow as before, whether bearing clouds or
gilded with light, and I wondered whether its darkenings
and brightenings were a reflection of our life, whether the
affairs of men caused light and shade up there, and whether,
the day when something came to a bad end in the little
square as the greengrocer had prophesied, a sunspot never
before seen, a yellower storm, or a denser fog would hover
over us.

Meanwhile the square became a battleground where
mysterious forces clashed. It had never appeared so small to
me, and worst of all, I felt in the way there. The baker was

Le boulanger s'impatientait de m'y voir tout le jour. Quand je m'approchais du fournil dont l'accès m'était maintenant refusé, il me criait d'aller jouer dans une autre partie du village sur l'autre face de ma maison qui donnait dans une ruelle, ou avec d'autres enfants, le long de l'église où ils se rassemblaient. Pourquoi traînais-je toujours sur cette place, à y faire le curieux?

Je ne faisais pas le curieux. Ils existaient tous, autour de moi, sans me voir, et je les regardais comme je regardais le ciel, le sol de la place, le tronc de l'ormeau, la mort de mes mouches dans l'eau sale et ils étaient inclus dans tout ce que je recevais de la vie, sans quête, sans vrais dons...

Je ne répondais pas au boulanger mais, en m'éloignant du fournil, je m'attristais de découvrir que la méchanceté avait maintenant envahi ma petite place. Tout m'y semblait morne, assombri, bien que le ciel fût toujours le même, et je me disais que c'était peut-être de cette ombre invisible, de ce vieillissement subtil de la lumière que se teintaient les mauvais jours, les jours où quelque chose finissait mal, dans les maisons et sur les places.

La femme du boulanger courait toujours. Son mari la rappelait quelquefois à voix haute. Dans l'angle de la place, le fils du maréchal regardait. Sa pâleur, l'extrême tension que révélait son visage semblaient s'être transmises à la femme du boulanger. Elle regardait plus souvent maintenant le fils du maréchal et pétrissait parfois un mouchoir dans ses mains.

Ne se parleraient-ils donc jamais? J'étais effrayé par la dureté de leur silence. Il pesait sur moi, tandis qu'assis sur le sol, j'étendais la poussière du plat de la main. La petite place devenait muette tout autour. On aurait dit que tous les habitants suspendaient, un instant, leurs tâches, en attendant que cette soudaine oppression disparût. Le boulanger sortait

irritated to see me there all day long. When I approached
the bakery, which I was now forbidden to enter, he shouted
that I should go and play in another part of the village, on
the other side of my house, which looked out into a lane,
or with other children who used to gather by the side of the
church. Why did I always hang around the square prying?

I wasn't prying. They all existed around me without
seeing me, and I regarded them as I regarded the sky, the
ground in the square, the elm trunk, the death of my flies
in the dirty water, and they were included in everything I
got out of life, without aiming for anything, and with no
real talents. . . .

I did not answer the baker, but going away from the
bakery, I was saddened by the discovery that wickedness
had now crept into my little square. Everything seemed
dismal and dark, though the sky was still the same, and I
thought that perhaps it was this invisible shadow, this
subtle fading of the light that coloured the evil days, the
days when something would come to a bad end in houses
and squares.

The baker's wife still used to run. Sometimes her husband would call her back loudly. In the corner of the square
the blacksmith's son was watching. His pallor and the acute
tension which his face betrayed seemed to have been passed
on to the baker's wife. She looked at the blacksmith's son
more often now, sometimes crumpling a handkerchief in
her hands.

Would they never speak to each other? I was frightened
by the harshness of their silence. It weighed on me as I sat
on the ground, smoothing the dust with the flat of my hand.
The entire square used to fall silent. You would have said
that all the people had stopped what they were doing for a
moment, waiting for this sudden oppression to pass. Some-

parfois et appelait sa femme. Elle disparaissait dans le fournil. Alors, la vie reprenait doucement... Oui, tout finirait mal. Chaque jour, un peu plus, se tendait ce silence.

Et, un matin, le cheval vint.

C'était un cheval noir à la robe luisante, un de ces demi-sang que les paysans attelaient à leurs breaks. On venait de le ferrer et le maréchal remportait ses outils dans la forge lorsque le cheval se mit à marcher vers le milieu de la place sans que le fils du maréchal qui l'avait détaché fît un pas en avant pour le rattraper.

La femme du boulanger traversait en courant la place. Elle vit s'avancer vers elle le cheval. Il allait au pas, dans le bruit de ses fers neufs qui rendaient sa marche plus nerveuse. La femme se réfugia dans la remise. Reconnaissant là, sans doute, l'ombre et les larges battants d'une écurie, le cheval s'approcha. La femme du boulanger s'était adossée au radiateur de la camionnette et, effrayée, ne bougeait plus. Le cheval restait devant elle, rejetant sa tête, par moments, attendant une parole ou surpris de ne pouvoir entrer.

Alors je vis le fils du maréchal qui s'avançait. Il ne courait pas. Il marchait assez vite, un peu raide, avec, sur le visage, l'air de contention et la pâleur de quelqu'un qui vient de se blesser et va saigner dans deux secondes. Il s'approcha du cheval et il resta, sans faire un geste, à regarder la femme du boulanger. Elle le regardait, elle aussi, fixement. Plusieurs habitants de la place étaient sur le seuil de leur maison. Ils observaient la scène sans parler. J'attendais que la porte du fournil s'ouvrît. Elle ne s'ouvrit pas. Il me sembla que le cheval noir s'était mis à trembler.

Et brusquement, comme perçant à travers les ténèbres profondes d'où je venais, comme enfin désignée parmi tant

times the baker used to come out and call his wife. She would disappear inside the bakery. Then life gradually took up again. . . . Yes, everything would come to a bad end. Every day this silence was becoming a little more strained.

And, one morning, the horse came.

It was a black horse with a glossy coat, one of those half-breds the peasants used to harness to their wagons. It had just been shod, and the blacksmith was taking his tools into the forge when the horse set off towards the middle of the square without the blacksmith's son, who had untied it, making a move to catch it.

The baker's wife was running across the square. She saw the horse coming towards her. It was moving slowly with the clatter of its new shoes which made its progress more nervous. The woman took shelter in the coach-house. Probably associating the gloom inside and the wide doors with a stable, the horse went up to it. The baker's wife had backed up against the radiator of the van, terrified and unable to move. The horse stopped in front of her, tossing its head now and again, expecting a command, or surprised at not being able to go in.

Then I saw the blacksmith's son come forward. He didn't run. He walked fairly quickly and a little stiffly, and his face had the strained look and the pallor of someone who has just hurt himself and is going to bleed any second. He went up to the horse and stayed there motionless staring at the baker's wife. For her part she stared at him intently too. Several people in the square were at their doors: they watched the situation in silence. I was expecting the bakery door to open. It did not open. It seemed to me that the black horse had begun to tremble.

And suddenly, as if penetrating the deep shadow from which I was emerging, as if it was finally intended amid so

de réalités innomées, une chose commença d'exister dans mon esprit.

Je compris que tout ce qui vivait dans cette bête, le poids des muscles, les hennissements pas encore délivrés, le rêve d'un espace plus libre que l'espace, tout ce qui vivait contenu était dans cet homme et dans cette femme, l'un devant l'autre et, muets, se regardant.

La femme du boulanger baissa enfin les yeux. Le fils du maréchal prit le cheval par la bride et regagna l'angle de la place, en marchant lentement. Le cheval, lui aussi, semblait plus las. Il n'était pas midi et on aurait cru que c'était le soir, sur la place. La femme du boulanger resta, un instant encore, immobile dans la remise. Elle gardait la tête baissée. Lorsqu'elle la releva, au moment de sortir en courant de la remise, je vis que son visage avait rosi ou, plutôt, s'était éclairé. Je trouvais que la femme du boulanger était belle. Elle traversa la place, sous le regard des habitants, referma derrière elle la porte du fournil. Il était vide : le boulanger n'avait rien vu.

Dès ce jour, je sus que les temps annoncés par le fruitier étaient proches. Personne n'ignorait plus pourquoi la femme du boulanger courait d'un côté à l'autre de la place. On disait qu'elle n'avait plus besoin de courir pour maigrir : à lui seul, l'amour empêche d'engraisser. Et cet amour, en dépit des distances, en dépit du silence, devenait triomphant.

Le fils du maréchal n'avait plus ces yeux égarés qui, quelque temps avant, le promettaient à la camisole. On ne le voyait plus s'inonder longuement la tête au-dessus d'un seau. Quand la femme du boulanger courait, il s'avançait un peu sur la place, en dehors de l'aire pavée de la forge, et, une cigarette entre les doigts, il regardait la femme avec une attention paisible. Il laissait son tablier de cuir dans la forge, reboutonnait le col de sa chemise noire et restait là, semblable à ces hommes, au bal, qui suivent des yeux la dan-

many unnamed realities, something began to exist in my mind.

I understood that everything that lived in that animal, the burden of strength, the whinnies as yet unleashed, the dream of a space freer than space, everything that was held in check was in this man and woman, who face to face stared at each other in silence.

The baker's wife lowered her gaze at last. The blacksmith's son led the horse by the bridle and went back to the corner of the square, walking slowly. The horse too seemed more tired. It wasn't midday, but you would have thought it was evening in the square. The baker's wife stayed quite still in the coach-house for a moment longer. She kept her head bent. When she straightened up to run out of the coach-house, I noticed that her face was flushed, or rather had brightened. I thought the baker's wife was beautiful. She crossed the square under the scrutiny of the people there, and shut the door of the bakery behind her. It was empty: the baker hadn't seen anything.

From this day on, I knew that the time foretold by the greengrocer was near. No one now was in any doubt as to why the baker's wife ran from one side of the square to the other. They said she didn't have to run to keep slim any more: love in itself keeps you thin. And this love, despite distances, despite silence, was gaining ground.

The blacksmith's son no longer had that wild look which some time ago had augured the straitjacket. You no longer saw him splashing his head over a bucket. When the baker's wife ran, he came out into the square a little way, beyond the paved area in front of the forge, and, with a cigarette in his hand, watched the woman with a calm attentiveness. He used to leave his leather apron inside the forge, button his black shirt up at the neck, and stand there like those men at a ball who eye the partner they want to invite for the

seuse qu'ils veulent inviter pour la prochaine danse. Ce n'était que lorsque la femme du boulanger rentrait dans le fournil que son regard changeait de couleur. Le fils du maréchal ne s'en retournait pas aussitôt vers la forge : il achevait nerveusement sa cigarette, en regardant du côté de la boulangerie.

Parfois, alors que le fils du maréchal était encore au même endroit, le boulanger sortait du fournil pour aller chercher de l'eau. Il faisait semblant de ne pas voir le garçon mais, en revenant de la pompe, il marchait le menton tendu, le visage crispé, comme si les seaux avaient été plus lourds que d'ordinaire.

Je pensais qu'il faudrait bien que les deux hommes en viennent à se battre, un jour. Le fruitier le pensait aussi mais, gagné, depuis le début, à la cause du boulanger, il redoutait la cruauté de son rival. Il le croyait capable de se servir de fer[5] et le boulanger était nu.

Il était toujours nu, lorsqu'il s'avança sur la place, le jour où tout sembla sur le point de se résoudre. C'était un jour de marché, des voitures encombraient la place. Les paysans les laissaient là, dès le matin, les unes contre les autres, dans tous les sens, et emmenaient leurs chevaux dans les écuries d'un café.

Tantôt levés vers le ciel, tantôt reposant sur le sol et enchevêtrés, les brancards des voitures composaient un univers évoquant la navigation à voile, sans les voiles, ou une forêt ravagée. J'optais pour la navigation : chaque roue devenait, pour moi, la roue du timonier. Entre les hauts brancards vernis, le ciel semblait passer plus vite. Il y avait aussi le dessous des charrettes où, comme dans les cales d'un bateau, je voyais, au-dessus de moi, l'envers rugueux du bois.

J'étais là, assis sur la terre, dans la perspective à claire-voie des roues de toutes les charrettes, lorsque je reconnus les

next dance. It was only when the baker's wife went back into the bakery that his gaze altered. The blacksmith's son didn't go back into the forge immediately: he would finish his cigarette fretfully, looking in the direction of the bakery.

Sometimes when the blacksmith's son was still in the same spot the baker came out of the bakery to fetch water. He pretended not to see the boy, but coming back from the pump, he walked with his chin set and his face puckered as though the buckets were heavier than usual.

I thought the two men would end up by fighting one day. The greengrocer thought so too, but since he had been on the baker's side from the beginning, he dreaded the cruelty of his rival. He believed him capable of using red-hot iron and the baker was stripped.

He was still stripped when he came into the square that day when everything seemed about to be settled. It was market day, and carts blocked the square. The peasants left them there first thing in the morning, one against another, higgledy-piggledy, and led their horses away into the stables of a café.

The shafts of the carts, sometimes tilted towards the sky, sometimes resting on the ground in a tangled mass, made up a scene which recalled sailing, without the sails, or a devastated forest. I opted for sailing: every wheel became for me the helmsman's wheel. Between the high varnished shafts the sky seemed to move more quickly. There were the bottoms of the carts too, where I could see above me the rough underside of the wood, like being in the hold of a ship.

I was sitting there on the ground, in the latticed perspective of the wheels of all the carts, when I recognized the legs

jambes de la femme du boulanger. Je me dressai un peu
entre les brancards pour l'observer. Lentement, elle enjam-
bait, un à un, les brancards afin de gagner la remise. Elle
allait à l'aveuglette car, souvent bâchées, les voitures l'en-
fermaient de toutes parts et dépassaient sa tête. Que la femme
du boulanger fut un peu désorientée n'expliquait pas,
pourtant, qu'elle s'attardât en chemin et que, s'appuyant à
une roue, elle levât son visage vers le ciel, avec l'expression
d'une attente.

J'entendis soudain un pas derrière moi, au milieu de
voitures, et je regagnai mon refuge, contre le sol. Un
homme bougeait derrière les roues. Je connaissais ces souliers ternis par l'eau et le charbon, ce pantalon de toile noire :
c'était le fils du maréchal. Il circulait avec agilité entre les
charrettes, sautait par-dessus les brancards. Il découvrit assez
vite la femme du boulanger. Entendant quelqu'un venir,
elle s'était immobilisée, le dos contre une roue.

Je n'entendis pas leurs paroles. Parlaient-ils seulement?
Ils se tenaient, l'un en face de l'autre, leurs jambes se touchant. Le fils du maréchal avait posé ses mains sur les
hanches de la femme. Elle serrait, derrière elle, deux rayons
de la roue. Au bout de quelques instants, la femme oscilla
doucement et la roue tourna un peu en crissant dans la terre.

Quelqu'un se mit à appeler, assez loin derrière l'enchevê-
trement des voitures. C'était le boulanger qui s'inquiétait de
ne pas voir sa femme revenir. Il l'appelait par son prénom.
Elle s'appelait Simone. La voix était autoritaire et plaintive,
à la fois. Simone et le fils du maréchal, les jambes confon-
dues, semblèrent peser plus fort contre la roue de la charrette qui, de nouveau, bougea un peu.

Étaient-ils sourds, inconscients du péril? Non, ils venaient
de se séparer, l'espace d'une seconde, pour écouter et si, de
nouveau, ils se serraient l'un contre l'autre, c'était sans
doute pour ajouter à leur plaisir ce frémissement étrange,

of the baker's wife. I straightened up slightly between the shafts to watch her. Unhurriedly she stepped one by one over the shafts to reach the coach-house. She was feeling her way because the carts, many of them covered over, hemmed her in on all sides, and stood higher than her head. That the baker's wife was a little disorientated didn't explain, however, why she should linger on her way, nor why, leaning against a wheel, she should look up at the sky as though waiting.

Suddenly I heard a step behind me, in the midst of the carts, and I dropped back to my hiding-place on the ground. A man was moving behind the wheels. I knew those shoes stained by water and coal, and those black trousers: it was the blacksmith's son. He moved around nimbly between the carts, jumping over the shafts. He came upon the baker's wife fairly quickly. When she heard someone coming she stood quite still with her back against a wheel.

I couldn't hear what they were saying. Were they just talking? They stood facing each other with their legs touching. The blacksmith's son had put his hands on the woman's hips. She was gripping two spokes of the wheel behind her. A few moments later she rocked slightly, and the wheel moved a little, rasping on the ground.

Someone began to call some way behind the tangle of carts. It was the baker, worried at not seeing his wife return. He called her by her Christian name. She was called Simone. His voice was authoritative and pleading at the same time. Simone and the blacksmith's son, their legs entwined, seemed to lean more heavily against the cartwheel which once again moved slightly.

Were they deaf, unaware of the danger? No, they had just separated for the space of a second to listen, and then they were embracing each other again – probably this was to add to their pleasure that strange thrill, that awful yet

cette angoisse atroce et voulue que je connaissais à l'instant d'être découvert, quand je jouais aux gendarmes et aux voleurs avec mes camarades, et que j'éprouvais maintenant avec eux. Je devinais qu'ils demandaient à la peur de se sentir, l'un contre l'autre, nus.

Le boulanger, en continuant d'appeler, s'égarait parmi les charrettes. Il approcha enfin et le fils du maréchal, plié en deux, s'éloigna, rapide et silencieux. Alors la femme du boulanger répondit à son mari. Était-il assez sot pour la croire perdue? Je marchai, à quatre pattes sous les charrettes. Je vis le boulanger. Il se tenait, un peu voûté, le torse nu, au milieu des brancards. Il n'apercevait pas encore sa femme. Je me cachai de lui. Il était tout près de moi. A travers les rayons d'une roue, je vis que tout son corps tremblait.

A partir de ce jour, la femme du boulanger se montra moins souvent sur la place. Elle ne la traversait en courant que lorsque son mari était parti livrer le pain dans la campagne. Elle disparaissait un long moment dans la remise. Le fils du maréchal sortait moins souvent, lui aussi, de la forge et il relevait à peine la tête lorsque la femme du boulanger courait sur la place, tandis qu'il ferrait un cheval.

Le fruitier répétait cependant qu'il n'avait pas confiance. Son inquiétude me rassurait. J'attendais le prochain jour de marché. Quand il fut venu, j'allai, dès le matin, m'installer sous les charrettes. J'entendis d'abord qu'on guidait un cheval ferré de neuf entre des brancards. Je m'approchai sans me montrer. Le fils du maréchal attelait à une voiture bâchée un cheval noir tout à fait semblable à celui que, quelques temps plus tôt, il avait laissé s'échapper sur la place. Les harnais bouclés, le fils du maréchal resta près du cheval et il le flattait de la main.

Alors, j'entendis sur le sol de la place un pas précipité que je connaissais bien. La femme du boulanger courait, à travers les charrettes, en direction de la remise. Quand elle

self-willed anguish that I used to feel the moment I was found when playing cops and robbers with my friends, and which I now experienced with them. I guessed that they wanted, although fearfully, to embrace each other naked.

The baker, still calling, was lost among the carts. At last he came nearer, and the blacksmith's son, bent double, sped away noiselessly. Then the baker's wife answered her husband. Was he stupid enough to think she was lost? I crawled on all fours beneath the carts. I saw the baker. He was standing in the middle of the shafts, stooping slightly and stripped to the waist. He had not yet seen his wife. I hid from him. He was very close to me. Through the spokes of the wheel I could see his whole body trembling.

From that day on, the baker's wife was seen less in the square. She would run across it only when her husband had gone out to deliver bread in the country. She used to disappear for a long while into the coach-house. The blacksmith's son too came out of the forge less often, and scarcely raised his head when shoeing a horse and the baker's wife ran across the square.

The greengrocer kept saying that he wasn't convinced. His uneasiness reassured me. I was waiting for the next market day. When it came I went very early and settled myself underneath the carts. First of all I heard somebody guiding a newly shod horse between shafts. I got nearer without being seen. The blacksmith's son was harnessing to a covered cart a black horse just like the one he had let loose in the square some time earlier. When the harness was fastened, the blacksmith's son stood by the horse, patting it.

Then I heard a hurried step that I knew well on the ground in the square. The baker's wife was running between the carts towards the coach-house. When she came out she was

en ressortit, elle tenait une petite valise d'osier à la main. Elle se dirigea vers la charrette attelée. Le fils du maréchal sifflait doucement pour guider la femme vers lui. Il l'aida à monter dans la voiture et elle se glissa sous la bâche.

Je m'étais redressé. Le fils du maréchal qui s'apprêtait à prendre place dans la voiture me vit. Il mit un doigt sur sa bouche pour m'inviter à me taire. Il m'interrogeait du regard. Je fis un signe d'assentiment de la tête. Le fils du maréchal sauta dans la voiture et, les rênes en mains, guida le cheval pour la dégager. La voiture roula longtemps sur les cailloux ronds de la ruelle et puis je n'entendis plus rien. Quelques minutes après, le boulanger vint et appela sa femme. Il parlait seul, entre les charrettes et, les bras croisés, frottait ses épaules nues. Il me regarda longuement. Je détournai la tête.

Le maître du cheval noir retrouva sa bête et sa voiture au chef-lieu[6] où une lettre laissée dans la forge par le fils du maréchal l'invitait à venir les reprendre. Le boulanger faillit perdre l'esprit. On le voyait parfois, vêtu d'un veston noir, sur le seuil du fournil où son père continuait à faire le pain, dans l'ombre où dansaient des lueurs. Au-dessus de la boulangerie, le ciel était toujours le même.

Longtemps après, on sut que le fils du maréchal et la femme du boulanger vivaient dans une grande ville, près de la mer. Certains disaient qu'ils étaient heureux, d'autres disaient qu'ils ne l'étaient pas. Le fruitier était parmi ceux-ci. Souvent, il me donnait une pêche. Selon les jours, la pêche était bonne ou sans goût...

carrying a little wicker case in her hand. She headed towards the harnessed cart. The blacksmith's son whistled softly to guide the woman to him. He helped her up into the cart, and she slipped under the tarpaulin.

I had stood up. The blacksmith's son saw me as he was preparing to get up on to the cart. He put a finger to his lips to urge me to keep quiet. He gave me a questioning look. I nodded my assent. The blacksmith's son leapt into the cart, and taking the reins in his hands, guided the horse out to get the cart clear. It rattled over the cobblestones of the lane for a long while, and then I heard no more. A few minutes later the baker appeared and called his wife. He spoke alone among the carts, and with arms crossed he rubbed his bare shoulders. He stared at me for a long time. I turned my head away.

The owner of the black horse found the animal and his cart in the county town where a letter left in the forge by the blacksmith's son directed him to go and fetch them. The baker nearly went out of his mind. You saw him sometimes dressed in a black jacket at the door of the bakery where his father went on making bread, in the darkness where flames flickered. Above the bakery the sky was still the same.

A long time afterwards we heard that the blacksmith's son and the baker's wife were living in a big town close to the sea. Some said that they were happy, others said that they were not. The greengrocer was among the latter. Sometimes he gave me a peach. Depending on the day, it was good or without flavour. . . .

THE CHALLENGE

PHILIPPE SOLLERS

Translated by Jean Stewart

LE DÉFI

C'est à une puissance extrême de défi que certains êtres, très rares, qui peuvent les uns des autres tout attendre et tout craindre, se reconnaîtront toujours.

ANDRÉ BRETON, *Nadja*

J'ÉTAIS dans des dispositions étranges et tristes. La vie m'apparaissait du haut d'une sorte de piédestal qui me maintenait dans les nuages. Je désirais fortement de toucher terre et n'y parvenais point, faute de savoir où la terre se trouvait. Jeune, c'est dire que j'adorais mes erreurs et détestais qu'on me les montrât. Au vrai, la maladie de l'adolescence qui est de ne pas savoir ce qu'on veut et de le vouloir cependant à tout prix, cette maladie prenait en moi des proportions délirantes. Je fatiguais mes amis, ne comptais plus mes adversaires et fuyais. Devant tout. Intouchable, je me croyais maudit et étais peut-être bien poète[1]. De grands malheurs s'ensuivirent qui, pour n'être point visibles, n'en furent que plus éprouvants ; je perdis mes amours et ma tranquillité.

Mais enfin, de quoi avais-je le plus souffert? Non pas tellement de ce qu'on ne m'eût pas aimé comme j'aurais voulu qu'on m'aimât, mais de ce que je fusse moi-même incapable d'amour. Était-ce donc une incapacité fondamentale de ma nature ? Je ne sentais en moi que terres calcinées, que sécheresse. Je ne savais comment m'échapper de moi-même et, d'ailleurs, ne le désirais nullement.

La conscience de ma particularité me fit imaginer que j'étais admirable. Je passai par des vertiges qui m'eussent effrayé si je n'avais été aussi sûr de mon destin. Puis, vint le jour de la lucidité, c'est-à-dire d'une certaine fatigue de moi-même. Comme un bateau qui a tranché ses amarres –

THE CHALLENGE

It is by an extreme power of defiance that certain very rare beings, who have everything to expect and everything to fear from one another, can always recognize each other.

ANDRÉ BRETON, *Nadja*

I WAS in a strange unhappy frame of mind. I looked down on life from the top of a sort of pedestal that kept me up in the clouds. I longed to touch the earth and could not do so, because I did not know where the earth was. Being young, I adored my own failings and hated having them pointed out to me. In fact, the malady of adolescence, which is not to know what one wants and yet to want it at all costs, possessed me to the point of frenzy. I wearied my friends, I could no longer number my enemies, and I fled: from everything. I was untouchable, believed myself accursed and may well have been a poet. Great misfortunes ensued which, although invisible, were all the more grievous on that account, I lost my love and my peace of mind.

But after all, what had I most suffered from? Not so much from not being loved as I wished to be loved, but from being myself incapable of love. Was this, then, a basic incapacity of my nature? I felt within myself only scorched earth and aridity. I did not know how to escape from myself and in any case I had no wish to do so.

Awareness of my peculiarity made me imagine that I was special. I experienced spells of dizziness which would have frightened me had I not been so sure of my destiny. Then came the time of lucidity, or a sort of self-weariness. Like a boat which has cut its moorings – and is seen for a

et un moment on le voit hésiter et tourner sur lui-même avant de s'abandonner au flot – ainsi, au crépuscule de mon adolescence, j'errais dans mes labyrinthes où je ne croisais que tourbillons qui me parlaient de ma mort. Mes passions ne rendaient plus que des sons de crécelle. Je voyais de toutes parts s'effondrer ce que j'avais cru inattaquable, se corrompre ce que j'avais aimé incorruptible. On eût dit que tous les êtres se fussent donné le mot pour me trahir. Mais il me faut bien avouer qu'ils étaient pour moi des facilités. Ne réclamais-je pas la plus grande liberté, la plus haute place sur les marches de l'indifférence?

*

Qu'on m'excuse. Parler avec désinvolture de cette si proche période de ma vie, je sens trop le mensonge qu'il y faudrait consentir. Le poids de mon enfance m'étouffait. Silencieux, j'avais l'impression de me trahir ; bavard, celle de me répéter. Farouchement, je niais, voulais détruire et que rien ne m'atteignît plus : J'en voulais à la sécurité des choses. Mon désarroi n'était-il pas la preuve de ma trop grande sensibilité ? Je me rêvais inaccessible et ne réussissais qu'à m'endormir. La haine du réel et la haine de soi composaient la houle quotidienne de mes actes, j'errais comme un voleur, parsemant ma tristesse de brusques éclairs d'espérance qui faisaient ma honte. Cette sorte d'inaptitude que je jugeais sacrée me fit devenir suspect : On voyait bien que j'étais seul et, par malheur, libre. Je m'exagérais les regards hostiles et rabaissais les approbations. Jamais je ne fus si sévère à mon égard. Cela rentrait dans mon programme de destruction où je trouvais un mirage de volonté. J'éprouvais d'ailleurs tout le ridicule qu'il y a de renier sa jeunesse. Car serait-elle vraiment notre jeunesse, cette belle incertaine à la coiffe d'oubli, si nous ne la reniions ?

moment hesitating and turning round on itself before being carried away by the stream – so, in the twilight of adolescence, I wandered through my labyrinths, where I met only whirling eddies that spoke to me of my death. My passions now gave out only the hollow sound of a rattle. On all sides I witnessed the collapse of that which I had thought unassailable, the corruption of that which I had loved for its incorruptibility. It seemed as if all creatures had conspired to betray me. But I have to admit that they made things easier for me; did I not claim the utmost liberty, the highest place on the steps of indifference?

*

I must be excused: I know too well what lies I should need to tell in order to speak unconcernedly about this very recent period of my life. The weight of my childhood stifled me. When silent, I felt I was giving myself away; talkative, that I was repeating myself. I uttered wild denials, I sought to destroy things and to put myself beyond their reach. I bore a grudge against the security of things. Was not my bewilderment a proof of my excessive sensibility? I dreamed of being inaccessible, and succeeded only in benumbing myself. Hatred of reality and hatred of self made up the daily ground-swell of my actions. I wandered about like a thief, and my unhappiness was shot through with sudden flashes of hope of which I was ashamed. This sort of inaptitude, which I held sacred, made me an object of suspicion; it was obvious that I was alone and, to my misfortune, free. I exaggerated the hostile looks of others and belittled their approval. Never had I been so harsh towards myself. It formed part of the programme of destruction which gave me an illusion of will-power. Moreover I went through the absurd experience of repudiating my youth. For would it really be one's youth, that lovely,

L'habitude m'était venue d'écrire, ce qui me permettait d'entrevoir une solution à mon malheur : le mettre à l'imparfait en atténuait l'éclat. Je voulais composer un livre, seul moyen, pensais-je, de parler de soi sans assister à l'ennui des autres. Mais la littérature est un naturel auquel on arrive après de multiples contorsions. Le courage me manquait de les accomplir toutes. « Dire qu'il faut attendre vingt ans pour s'apercevoir que les évidences sont des vérités ! » ricanais-je. Surtout, il me semble à présent que je devais être très las.

A la suite de quelques désillusions sentimentales qui furent, j'imagine, celles que tout garçon de mon âge éprouve avec une femme plus assurée que lui, je fis une manière de serment qui me retirait des comédies de ce monde. Je voulais renoncer par-dessus tout à la bêtise qui restait inséparable en mon esprit de mes aventures avec les êtres, que ce fût l'amitié ou bien l'amour. Je partis en guerre armé jusqu'aux dents et, pour plus d'assurance, finis par mettre la légèreté entre moi et les autres.

*

Le jeunesse est l'art de perdre son temps en famille. Un temps orageux. Pour mes vacances, je demandai quinze jours de solitude. « Cela – pensais-je – fera un bon mois ». Mes parents ne firent aucune difficulté pour me laisser partir. Ils me voyaient trop occupé de lectures qui ne pouvaient être à leurs yeux que dangereuses, pour s'opposer à ce que je prisse un peu l'air. Nous nous quittâmes de part et d'autre avec soulagement. A partir d'un certain âge, les relations familiales dépendent en entier du relâchement qu'on met à les entretenir.

unreliable vision capped with oblivion, if one did not repudiate it?

I had taken to writing, which enabled me to glimpse a solution to my misery; putting it down in the imperfect tense dimmed its glare. I wanted to compose a book, the only way, I thought. to speak about oneself without witnessing the boredom of others. But writing is an aptitude only acquired after countless contortions; I lacked the courage to perform them all. 'To think that it takes one twenty years to learn that what's self-evident must be true!' I sneered. Above all, it seems to me now that I must have been extremely weary.

After certain sentimental disillusionments such as any youth of my age, I suppose, endures with a woman more self-assured than himself, I made a kind of vow that withdrew me from the play-acting of this world. I sought above all to renounce the stupidity which in my mind remained inseparable from my experiences with human beings, whether in friendship or in love. I went to war armed to the teeth and eventually, for greater safety, set flippancy between myself and other people.

*

Youth implies the art of wasting one's time at home. A stormy season. For my holidays, I asked for a fortnight alone. 'I can make it a good month,' I thought. My parents made no difficulty about letting me go. They thought me too much absorbed in books which, to their minds, could only do me harm to object to my getting some fresh air. We parted with relief on both sides. After a certain age, family relationships depend entirely on the looseness with which they are kept up.

Les voyages m'enchantent par ce côté d'absence qu'ils me communiquent et où je retrouve mon véritable élément. On est parti, on n'est pas encore arrivé, on ne sait si l'on arrivera, et il semble qu'on soit de partout et de nulle part avec une intensité merveilleuse. Matins de départ ! Dieu sait si je vous ai respirés avec délices ! J'ai toujours aimé que quelque chose bougeât. Je suis d'ailleurs rarement parti à l'aventure ou sorti de chez moi sans imaginer que je pouvais m'en aller pour toujours. J'ai gardé cette habitude de tenir tout ce que j'ai pour perdu dans le moment même où je peux en jouir. Cela multiplie mon plaisir à l'infini de le savoir si éphémère.

Le voyage terminé, je retombai dans l'hébétude des jours sombres. Les gestes que l'on fait en vacances me distrayaient un peu. Mais, parfois, allongé sur le sable, je ressentais une autre morsure que celle du soleil, une brusque douleur qui me venait, inexplicablement, de la poitrine. Que faisais-je de ma vie ? J'avais beau trouver cette question absurde et d'un romantisme désuet, j'avais beau me persuader que le bonheur est un plat qui se mange vite, rien n'avait assez de force pour me plaire et tarir en moi la passion d'être seul. Quelques amis me poussaient à rire. Sait-on ce que recouvre une certaine gaieté ? Le comble du mépris, le désir de meurtre et peut-être jusqu'à la démence.

La dissipation – ou, du moins, une forme de divertissement assez raffinée – est une réponse satisfaisante à toutes les questions qui ne valent pas qu'on leur réponde. L'âme jouit de la multitude de ses actes et s'épargne ainsi d'en ressentir la vanité.

A ce moment-là, les femmes m'étaient presque devenues indifférentes. J'en possédais une, bien sûr, par habitude. Cela ne comptait pas. Seul importait ce furieux désir d'accom-

Journeys delight me by that quality of absence which they convey to me and in which I recognize my true element. You've started off, you have not yet arrived, you don't know if you ever will arrive, and you seem to belong everywhere and nowhere, with a marvellous intensity. Heaven knows how I have revelled in those mornings of departure! I have always loved to feel things in motion. Moreover I have seldom set off at random, or left the house, without imagining that I might be going away for ever. I have retained the habit of considering everything I have as lost, at the very moment when I might be enjoying it. My pleasure is infinitely enhanced by knowing it to be so fleeting.

When the journey was over I relapsed into the lethargy of my dark days. The motions one goes through on a holiday distracted me a little. But sometimes, stretched out on the sand, I felt a sting that was more than the sun's heat, a sharp pang coming inexplicably from my breast. What was I doing with my life? Although I realized the absurdity of the question and its out-of-date romanticism, although I tried to convince myself that happiness is a dish that's soon eaten, nothing was powerful enough to please me and deaden my passionate desire for solitude. A few friends incited me to laughter. Do people know what a certain sort of gaiety conceals? Extreme contempt, a murderous longing and maybe even madness.

Dissipation – or at least a rather subtle form of diversion – is a satisfying reply to all questions that are not worth answering. The soul delights in its manifold activities and is thus spared a sense of their vanity.

At that time I had grown almost indifferent to women. I would take one, of course, from force of habit, but it did not count. The only thing that mattered was my frantic

plir, marié au dégoût de l'action. L'insoluble et le contra-
dictoire étaient bien mes royaumes.

Au beau milieu des plaisanteries et des rires, je quittais
brusquement les groupes de sable et marchais sur la plage
jusqu'à ce que se fût dissipée la crispation qui m'avait saisie.
Cela ressemblait à une attaque. Une attaque d'inconnu. Les
falaises crayeuses m'attiraient et me repoussaient comme des
spectres. Me tuer ? Ce devait être possible après une bonne
semaine de préparation. Mais je finissais par implorer le
destin que quelque chose arrivât. J'en étais là de mon
asphyxie lorsque je rencontrai Claire.

*

Comment un esprit qui vient de dépenser le meilleur de
lui-même à chercher son salut peut-il se rendre compte,
affaibli et débile, qu'il se trouve enfin exaucé ? Peut-être le
dernier sursaut de fièvre engendre ce mirage qui fait prendre
pour une solution ce qui n'est qu'un réflexe de survie.
J'hésite à qualifier ce frisson qui me vint de sentir une présence. Je ne sais plus. Je n'ose plus savoir.

Nous sommes, quelques amis et moi, dans une salle en-
fumée. Une musique, qui doit m'émouvoir, fait danser
deux couples dont je compare l'habileté avec mon voisin de
droite. L'ambiance est celle de tous les soirs, mi-amusée,
mi-sceptique. Je suis gai car je viens de parler à un camarade
fort bête (une bêtise à diplômes, la plus réjouissante).
Soudain, la porte en face laquelle je suis assis, s'ouvre et laisse
passage à un groupe joyeux qui vient se mêler au nôtre.
La troisième personne est une grande jeune fille brune dont
les yeux, noirs et vifs, m'attirent aussitôt car ils semblent
juger. Je ne suis pas ivre puisque la menace du monde extérieur est toujours présente à mon esprit au lieu de cette
brusque confiance que restaure l'alcool. Apparemment, mon

longing to accomplish something, wedded to a loathing for action. The insoluble and the contradictory were indeed my proper realms.

Right in the middle of the joking and laughter, I would abruptly leave the groups on the sand and walk off along the beach until the nervous tension that had gripped me had disappeared. It was like a sudden attack, an attack of something unknown. The chalky cliffs attracted me and repelled me like spectres. Suicide? That might be possible after a good week's preparation. But I always ended by imploring fate to let something happen. My asphyxia had reached this point when I met Claire.

*

How can a mind that has spent the best part of itself in seeking its salvation realize at last, weak and exhausted, that its wishes have been granted? Perhaps the final feverish tremor begets that mirage which makes one mistake for a solution what is merely a survival reflex. I hesitate to describe that shiver that runs through me when I feel a presence. I don't know; I daren't know.

I was with a few friends in a smoke-filled room. Some music, which must have excited me, set two couples dancing, and with a friend on my right I discussed their relative skill. As on other evenings, our mood was one of half-sceptical amusement. I was in high spirits, for I had just been talking to a foolish acquaintance (a diploma'd fool, the most enjoyable kind). Suddenly the door in front of which I was sitting opened and let through a merry group that came over to join our own. The third person was a tall dark girl whose bright black eyes immediately attracted me, for they seemed to be passing judgement. I was not drunk, for the menace of the outside world was still present to my mind instead of that sudden self-confidence that alcohol restores.

voisin de droite connaît la jeune fille qui a frappé mon attention. Il l'invite à s'asseoir entre nous et me la présente sous le nom de Claire. J'essaye de suivre leur conversation qui ne manque pas de souplesse et tourne grâce à Claire à l'ironie la plus mordante. Je la détaille avec un peu d'insolence ce qui me vaut deux ou trois regards moqueurs. Quel âge peut-elle avoir ? Je n'ai jamais su dater ce que j'aime. En tout cas, guère plus de dix-neuf ans. Sa finesse l'emporte, car « on ne peut pas dire qu'elle soit jolie ». Parfois, une expression pleine de grâce. Tout, absolument tout, dans le maintien ou, si l'on veut, la science de l'invisible. Je remarque avec un peu d'irritation qu'elle ne se laisse pas surprendre. J'aime apercevoir dans la conduite d'autrui ces failles par où la moquerie peut se glisser. Mais Claire est singulièrement sur la défensive. Ses propos, outre qu'ils dévoilent une intelligence très âpre, me captivent par leur ton excessif. (Cette façon qu'elle a de relever la tête, alors que l'expression devient soit ironique, soit grave.) On sent en elle beaucoup d'orgueil allié à beaucoup de conscience. Tout ceci n'est pas pour me déplaire. De son côté, elle semble avoir compris qu'elle a en moi un spectateur attentif. Je m'en aperçois à la manière dont elle charge imperceptiblement ses effets.

Nous parlons bientôt ensemble, moi avec ce luxe d'imagination que donne, seul, le cognac. Nous nous promettons de nous revoir. Comme elle s'en va, je sens une brusque émotion m'envahir que la boisson ne peut, à elle seule, expliquer. Une phrase se forme en moi que je note presque aussitôt. « C'est un grand mystère que nous parvenions à aimer la vie, follement, malgré l'inconnu qui nous guette, la maladie, les doutes, les chagrins, comme si tout se trouvait à certains moments *résolu*, et que nous fussions libres, d'une liberté sans limites, capables d'épuiser le monde en une

Apparently the friend on my right knew the girl who had attracted my attention. He invited her to sit between us and introduced her to me as Claire. I tried to follow their conversation, which was lively and, thanks to Claire, tended to the most scathing irony. I scrutinized her with some insolence, which earned me two or three mocking glances. How old might she be? I have never been able to date the things I love. At all events, hardly more than nineteen. Her subtlety was the thing that struck one most, for 'you couldn't really call her pretty'. Now and then, an expression of great charm. Everything, absolutely everything was in her bearing or, if you like, in one's knowledge of something unseen. I noticed with a touch of irritation that she did not let herself be taken by surprise. I like discerning in other people's behaviour flaws through which mockery can creep in. But Claire was strangely on the defensive. Her remarks, besides revealing a very sharp intelligence, fascinated me by their immoderate tone. (That way she had of lifting her head, while her expression grew now ironical, now grave.) You could sense great pride in her, as well as great awareness. All this was not unattractive to me. For her part, she seemed to understand that she had found in me an attentive spectator. I noticed this from the way she imperceptibly exaggerated her effects.

We were soon talking together, in my case with that imaginative extravagance that only comes from drinking brandy. We promised to see one another again. As she went off I felt a sudden emotion overwhelm me which could not be explained solely by alcohol. A phrase took shape within me, of which I promptly made a note: 'It is a great mystery that we should be able to love life so wildly, in spite of the unknown that lies in wait for us, of sickness, doubts, sorrows, as if everything was, at certain moments, *settled*, and we were free, boundlessly free, capable of exhausting the

vigoureuse inspiration... » Cette phrase me paraît alors
résumer exactement ma sensation et la porter à son extrême. Ainsi, périodiquement, notre vie réclame d'être surprise, de ne plus s'enchaîner aux circonstances, de *boiter*[2]
enfin. Ce qu'on nomme le « coup de foudre », n'est sans
doute qu'un de ces « appels d'air » où nous respirons un
monde inconnu, le véritable monde. Un instant, une brèche
s'éclaire dans le possible de l'imagination. Il dépend de nous
de ne la laisser pas s'obscurcir. En faisant mentir le proverbe
et l'intelligence de second ordre qui l'énonça, affirmons
qu'une porte peut être entr'ouverte[3]. Et qu'attendre, d'ailleurs, de la vie, sinon, à la faveur d'un événement en
apparence tout banal, ces clins d'œil furtifs sur le merveilleux?

Bien que je fusse prévenu contre mes nerfs, je me laissai
aller à rêver à Claire dès le premier jour. Et, pourtant, qu'y
avait-il? Une fille et moi nous nous plaisions à être ensemble et à discuter librement. Bien entendu, il y avait entre
nous de troublantes analogies. Mais je n'ignorais pas cette
exaltation du caractère à la suite d'un encouragement de
notre vanité qu'il eût été bien dangereux de prendre pour
l'Amour. A peine connaît-on un être, ces interrogations
qui jamais n'en finissent !... Je m'étais vite aperçu que
Claire se débattait comme moi, aux prises avec les mêmes
fantômes. Je retrouvais en elle tout ce que j'avais à la fois
adoré et haï d'être et de paraître. Elle me touchait plus que
je ne l'eusse voulu, et, certainement, plus qu'il ne l'eût fallu.
Allais-je rompre avec mon adolescence ou vouloir, qu'à
nouveau, elle m'envahît? Le charme des êtres jeunes et qui
n'existent pas encore ! Savent-ils l'étendue de leur puissance?

« Avec moi – me disais-je – Claire ne peut que se brûler

world with one sharp intake of breath. . . .' This phrase seemed to me then to sum up my sensation exactly and carry it to its extreme point. Thus, periodically, our life needs to be taken by surprise, no longer chained to events; it needs, in short, to walk out of step. What is known as a 'bolt from the blue' is probably only one of those sudden gusts that bring us air from an unknown world, the real world. For one instant, a crack lets through light from imagined possibilities. It depends on us not to let that light be dimmed. We can give the lie to the proverbial saying, and to the second-rate mind that uttered it, by declaring that a door may stand ajar. And after all, what can we expect from life, except such furtive glimpses into wonderland by means of some apparently quite ordinary incident?

Although I was fore-armed against my own nerves, I allowed myself to daydream about Claire from the very beginning. And yet what was there in it? A girl and I had enjoyed being together and discussing things freely. Of course, there were certain disturbing likenesses between us. But I was not unfamiliar with that exaltation of one's personality which follows from an encouragement to one's vanity, and which it would have been very dangerous to mistake for love. When you barely know somebody, those endless cross-questionings! . . . I had soon noticed that Claire was going through the same struggles as myself, at grips with the same phantasms. I recognized in her all that I had adored and yet hated being and seeming. She affected me more deeply than I should have liked and certainly more than she should have done. Was I going to break with my adolescence, or let it invade me once again? What a charm there is about those beings who are young and have, as yet, no real existence! Do they know the extent of their power?

'With me,' I said to myself, 'Claire can only get burnt, or

ou se ternir. Il est sans exemple que j'aie laissé les êtres que j'ai connus tout à fait intacts. Nous parlons, bien sûr, mais à quoi mène la parole? Elle trouble sans convaincre, elle entrevoit sans conclure, elle ne trompe que les faims médiocres. A cette âme de révolte qui est celle de Claire je ne puis apporter de réponses sans contrefaire mon esprit. Suis-je bien sûr, comme je le lui dis, d'être sorti de ce terrible pas de l'adolescence? Il est rare, cependant, de rencontrer des êtres ultra-susceptibles, que tout heurte et rebelle, et que la solitude aspire comme un aimant dans la découverte passionnée de soi-même...

« Quand je lui conseille de se livrer avec ardeur à ses goûts et de les rendre monstrueux, peut-être que je lui parle un langage qui est bien au-dessus d'elle et dont elle ne voit que les ridicules et les confusions. Mais il vaut mieux l'intriguer que la décevoir par des réponses trop simples. Comme je suis reconnaissant à ces quelques êtres qui, durant mon âge mort, m'ont tenu en haleine! Je suis l'ouvrage de ces êtres et je les ai façonnés, comme une œuvre, à la fin, modèle son auteur. Je peux dire à Claire : – Si l'on est soi-même intéressant, on rencontre toujours des caractères intéressants – J'aurais dû ajouter pour qu'elle me comprît bien, qu'on projette sur ceux qu'on aime ou préfère, les reflets de son imagination et de son cœur. Après tout, l'être dont nous avons aimé l'image, qu'importe qu'il ait été digne ou indigne de notre amour, s'il nous a ouvert les portes de l'humain? Qu'on l'exalte ou, plus tard, qu'on l'abaisse, l'important est qu'il ait vécu pour nous d'une vie particulière. »

*

A peine connaissais-je Claire, qu'elle me poussait ainsi au monologue intérieur. Je n'en étais encore qu'à la préférer.

get tarnished. There is no instance of my having left quite intact the beings that I have known. We talk to one another, of course, but where does speech lead? It disturbs without convincing, it gives glimpses without reaching conclusions, it allays none but mediocre hungers. I can provide no answers for a rebellious spirit like Claire's without falsifying my own mind. Am I really sure that, as I tell her, I have come through the terrible condition of adolescence? It is rare, however, to meet ultra-sensitive beings, whom everything offends and revolts, and whom solitude draws like a magnet in passionate self-discovery. . . .

'When I advise her to follow her own leanings eagerly and carry them to excess, maybe I am speaking to her in a language which is far above her head and of which she can see only the absurdity and confusion. But it is better to puzzle her than to disappoint her by answers that are too simple. How grateful I am to those few beings who, during my dead period, kept me in suspense! I am the work of such people and I fashioned them, as any work eventually moulds its author. I can say to Claire: "If one's interesting oneself, one always meets interesting characters"; I should have added, in order for her to understand me properly, that one projects on to those one loves or likes the reflection of one's own heart and imagination. After all, the person whose image we have loved may or may not have been worthy of our love, what does it matter, provided he has opened for us the doors of human experience? Whether we exalt him or, later, degrade him, the important thing is that he should have lived a special life for us.'

*

I had scarcely come to know Claire, and already she impelled me to such inner soliloquy! As yet, I only liked

Mais ma préférence n'était pas assez forte pour tarir ma lucidité qui tendait à l'entendre d'un tout autre nom. L'amour est aveugle? Quelle plaisanterie! Dans un domaine où tout est regard! Je me découvrais attentif à mes maladresses, moi qui, dans mon commerce avec autrui, laissais tout aller à vau-l'eau. Allais-je recommencer cette dangereuse élucidation du sentiment, qui, tant de fois, m'avait conduit au désastre? Pour vivre tranquille avec quelqu'un, il faut choisir de ne pas trop le regarder et d'abord de ne pas le comprendre. Mais approcher ce cœur sans lui attacher d'importance? Allons donc! Déjà Claire me fascinait et je cherchais en moi l'empire de sa domination. Peu à peu, j'en arrivais à la transformer en un mythe dangereux.

« A notre âge – me disais-je encore – on se sait différent et on en souffre avec quelques délices. Comme il est aisé d'épiloguer à voix basse sur l'épaisseur de ceux qui nous entourent! Nous nous croyons au centre d'un univers subtil, hanté de nos finesses et de nos rêveries dont nul ne saurait forcer les portes. Les dragons de la jeunesse! Comme je les aime, impitoyables et brusques, eux, et leurs rigoureuses passions!...

★

Je me complaisais en moi-même sous le nom de Claire. Cela apportait enfin à mon existence un peu de cette détente que j'accueillais comme une oasis. Pour la première fois, j'étais à l'extérieur de mon angoisse où j'apprivoisais un fantôme. J'étais dupe, volontairement, de ce malentendu, et prenais le risque d'associer une inconnue à un état tout personnel. Je prononçais déjà le mot d'Amour comme si tout dût se transformer par la seule incantation de ce vocabulaire enfantin. J'avais depuis longtemps envie de ces mots et de les laisser résonner en moi. Le premier prétexte, une ren-

her. But my liking was not strong enough to deaden my mental clarity, which inclined to give it quite another name. Is love blind? What nonsense! In a realm where everything depends on glances! I found myself noticing my blunders, I who had always been completely casual in my dealings with other people. Was I going to embark once more on that dangerous elucidation of feeling which had so often led me to disaster? In order to live at peace with anyone, one must decide not to look too closely at them, and in the first place not to understand them. But could one make contact with a heart like hers without taking it seriously? Surely not! Already Claire fascinated me and I sought to discover the reason for her power over me. Little by little I came to transform it into a dangerous myth.

'At our age,' I said to myself, 'one knows oneself to be different and one suffers from it, with a certain ecstasy. How easy it is to cavil under one's breath at the density of those around us! We fancy ourselves at the very centre of a subtle universe, haunted by our fine-spun feelings and our daydreams whose doors none can force open. Those dragons of youth! How I love them, pitiless and brusque as they are, with their uncompromising passions!'

*

I dwelt with private pleasure on the thought of Claire. It brought into my existence, at last, a little of that easing of tension which I welcomed like an oasis. For the first time I stood outside my own anguish, within which I was taming a phantom. I was a willing victim of this delusion, and I took the risk of associating a stranger with a wholly personal state of mind. Already I uttered the word *love* as if everything could be changed by the mere incantation of that childish term. I had long wanted to speak such words and let them reverberate within me. The first pretext, a chance en-

contre fortuite, exagérée dans le sens du mystère, me servait à commencer mes litanies. Les illusions sauvent, parfois. Ainsi, je dédaignais de poursuivre ma raison et retrouvais ma folie avec bonheur. Au vrai, mon esprit n'attendait que cela : des mots d'ordre qui lui ouvrissent le sommeil du sentiment. Mon attention, et c'était là le principal, était détournée, ne fonctionnait plus à vide. Je me frappais le cœur[4] où tout réside peut-être, sauf le génie. Les premiers mouvements de la sensibilité allient le sublime au ridicule.

« Qu'il est difficile d'aimer - soupirais-je - comme si j'eusse retardé de quelques siècles - et comme les signaux que l'on s'adresse par-dessus les abîmes sont vagues et terriblement inconsistants ! Nous errons sur des chemins parallèles, nous souffrons sur des grèves inconnues l'une de l'autre, semblables et irréductibles, effrayés et lucides, brûlants d'amour et solitaires. »

Tel est le style de la passion. Croyant à son flot souverain, il noie tout dans le tumulte. Sur le moment, nous crions à la trouvaille. L'instant d'après nous ne songeons déjà plus qu'au silence.

*

Environnés de rires, nous passions nos journées sur la plage brûlante. L'essentiel était de vivre le plus paresseusement qu'il était possible. Des voix prétendaient qu'un ennui nonchalant est la meilleure preuve des vacances. Cela me paraissait juste pour ceux que ménage l'ennui. Car pour moi, l'ennui n'était jamais le repos.

La nuit tombée, nous sortions Claire et moi pour de longues promenades. Elle me reprochait gentiment et, semble-t-il, contente, de la traiter en sujet d'expérience. Jamais, en tout cas, nous ne poussâmes les raffinements si loin que dans nos premières rencontres. L'un comme l'autre,

counter exaggerated into a mystery, set me harping on the same theme. Sometimes one's illusions save one. Thus I disdained to follow my rational self, and returned to my folly with delight. To speak truth, that was all my mind had been waiting for: passwords which would open up for it the sleeping world of feeling. My attention (this was the main thing) was now diverted, and had something to work on. I battered my heart, the seat of everything save, perhaps, of genius. The first impulses of feeling unite the ridiculous to the sublime.

'How hard it is to love,' I sighed, as though I were a few centuries out of date, 'and how vague and terribly unsubstantial are the signals we send each other across great gulfs! We wander along parallel paths, we suffer on shores unknown each to the other, we are alike and yet irreducible, frightened and yet lucid, burning with love and yet solitary.'

Such is the language of passion. Believing in its sovereign powers it drowns everything in its tumultuous flood. At the time, we cry *eureka*; the moment after, we long only for silence.

★

In the midst of laughter, we spent our days on the sunbaked sand. The vital thing was to live as lazily as possible. Some people declared that a state of nonchalant boredom was the best proof of being on holiday. This was true, it seemed to me, for those that boredom suits. As for myself, boredom never meant rest.

When night fell, Claire and I went out for long walks. She reproached me gently and, it seemed, contentedly, for treating her as the subject of an experiment. Never, in any case, did we go to such lengths of subtlety as in our earlier meetings. Each of us knew how to make the other speak.

nous savions faire parler. D'habitude, je déguisais ma pensée de peur qu'on ne la jugeât trop violente. Avec Claire, je pouvais m'abandonner avec naturel à ma rage de destruction qui était à la mesure de ses sentiments. Certains êtres semblent soutenus par la haine qu'ils portent, sans raisons apparentes, à tout ce qui existe. Nous déchirions à belles dents toute la respectabilité du monde et notre appétit, on le pense, n'était jamais satisfait.

« Enfin, me disais-je, un être dont les yeux sont ouverts ! Et ce n'est pas une pose qu'elle prend avec moi : je jurerais qu'elle a crié tout ce qu'elle me dit. »

– Je connais, avouais-je à Claire, maints esprits charmants, cultivés, avec qui dialoguer m'est une joie. Cependant, il semble qu'avec eux, et justement parce qu'ils ont de l'esprit, il soit impossible d'aborder à ce qui est important. On les voit indignés, enthousiasmés par des problèmes de morale ou d'esthétique, mais rien de leur propos ne se réfère à ce qui est humain. De plus, ne voyant pas la réalité, ils ne tentent rien contre elle.

– C'est que l'inconséquence, me répondait Claire, est la vertu du monde la mieux partagée. Et il s'agit bien d'une vertu ! Empêchant les hommes de comprendre ne fût-ce qu'une fois l'abîme de leur vanité, par là, elle leur permet de vivre. Autrefois, je souffrais beaucoup de ne rencontrer personne à qui parler vraiment, et d'être moquée si souvent à cause de ce qu'on appelait ma « pédanterie ».

Claire aurait pu moins bien parler que je ne l'eusse pas senti. Sa voix, dès les premiers mots, m'occupait tout entier. C'était une voix rêveuse, très basse et un peu blessée, chargée me semblait-il de tous les secrets et de toutes les hésitations du monde ; une voix prisonnière et rebelle qui s'efforçait obstinément vers la clarté ; voix profonde dont je ne trouvais nul équivalent dans ma mémoire ; une voix abandonnée et qui résonnait toujours à l'encontre de ce

Usually I disguised my thoughts lest they should be considered too violent, but with Claire I could give full vent to my rage for destruction, which was on a level with her own feelings. Some individuals seem sustained by the hatred they bear, without apparent reason, towards all that exists. We fiercely tore apart whatever the world holds respectable, and naturally our appetite was never glutted.

'At last,' I thought, 'here's someone whose eyes are open! And it is no pose assumed for my benefit; I'd swear that all she tells me is a cry from the heart.'

I confessed to Claire: 'I know many charming and cultured people with whom it's a pleasure to talk. And yet it seems as if just because they have so much wit it's impossible to broach anything important with them. They become indignant or enthusiastic about moral or aesthetic problems, but nothing that they say has any relation to human life. Moreover, since they are blind to reality, they attempt nothing against it.'

'That's because inconsistency is the most evenly divided virtue in the world,' Claire replied. 'And it is indeed a virtue! By preventing men from realizing, if only on a single occasion, the fathomless depths of their futility, it enables them to live. I used to suffer a great deal because I never met anyone I could really talk to and because I was so often laughed at for what was called my "pedantry".'

Even if Claire had not spoken so well I should not have noticed. Her voice had obsessed me from the first words it uttered. It was a dreamy voice, very low and sounding a little hurt, as though burdened with all the secrets and hesitations of the world; the voice of a rebellious captive, striving obstinately towards the light; a deep voice, for which I could find no parallel in my memory; a lost voice, which always gave out unexpected sounds, pronouncing

qu'on attendait d'elle, prononçant *au-revoir* sur trois notes comme si elle eût voulu retenir par une dernière mélodie le moment de votre départ.

– Aussi loin que je me souvienne, me disait Claire, j'ai toujours refusé. Ma famille désespère de moi après m'avoir poussée au désespoir. Je suis capable d'une insolence d'une intransigeance absurde, mais qui m'attire comme un gouffre. Se sentir étrangère au point qu'on en est effrayée plus que malheureuse, voilà ce qui domine toute ma vie. Je n'ai pas l'impression d'être exceptionnelle, mais séparée. Je connais des esprits plus intelligents, plus forts, plus volontaires que le mien et pourtant il me semble quelquefois que je suis seule à voir les ficelles des événements ou le ridicule des choses. Ne pas pouvoir participer, ni s'attacher à quoi que ce soit. Et surtout n'en avoir pas de nostalgie !

– Et voir que personne ne comprend, répliquais-je. Et ces conseils doucereux : Cela passera avec l'âge, voyons, fais un effort, sois comme tout le monde... Tiens, c'est ridicule à dire, mais ils doivent se croire immortels. Or, je n'ai jamais cessé de vivre dans la hantise de la mort, comme si j'étais même à son service...

– Aimes-tu Schubert ? me disait Claire, une fois – il y a de lui un beau quatuor, *la Jeune Fille et la Mort*, que je préfère depuis longtemps. Mais sans doute ne l'ai-je aimé que pour son titre qui m'entraîne aussitôt à certaines rêveries. Romantisme pas mort ! – ajouta-t-elle, en éclatant de rire.

Nous marchions en silence, distraits par les bruits furtifs de la grève. Les étoiles filantes envahissaient le ciel d'août de leurs courses hasardeuses. Lorsque Claire en surprenait une, elle ne manquait jamais de s'exclamer. « Partir ! » jetait-elle alors dans un souffle.

*

au-revoir on three notes as if it sought to delay your going with a last lingering melody.

'As far back as I can remember,' Claire told me, 'I have always said no. My family has given me up in despair, after driving me to despair. I am capable of an uncompromising insolence which may be absurd, but which attracts me like an abyss. To feel oneself so alien that one is terrified, rather than unhappy – that's what has dominated my whole life. I don't feel that I am exceptional, but rather separate. I know many whose minds are more intelligent, stronger, more resolute than my own, and yet it sometimes seems to me that I'm alone in understanding the causes of events and seeing the ridiculous side of things. To be incapable of sharing in anything, of becoming attached to anything! And above all, to feel no longing to do so!'

'And to see that no one understands,' I replied. 'And that unctuous advice: "you'll grow out of it, come on, make an effort, be like everybody else. . . ." Why, it sounds absurd but they must really think themselves immortal. . . . Now I have always lived haunted by the thought of death, as if I were actually in death's service. . . .'

'Are you fond of Schubert?' Claire once said to me, 'there's a wonderful quartet of his, "Death and the Maiden", which has been my favourite for a long time. But I probably only loved it for its title, which always sets me dreaming about certain things. Persistent romanticism!' she added with a laugh.

We walked in silence, distracted by the furtive sounds from the beach. Shooting stars filled the August sky with their hazardous flight. When Claire caught sight of one she never failed to call out; then she would breathe the word: 'Away!'

*

Comme elle aimait la musique ! Et pourtant, ce que j'admirais le plus en elle c'était qu'elle n'eût point de goûts mais bien des passions.

J'hésitais si Claire avait été amoureuse : « Elle voudrait que je le pense – me disais-je – mais j'en doute à voir comme elle est peu égarée et moins déçue que moi. Connaît-elle la grande affaire qui est d'interroger un visage pour chercher ce qu'il décide de vous, dans quelles sphères il vous jette et vous abandonne ? »

*

Au début de la vie, dans les premières relations que nous pouvons avoir avec le monde et les êtres, il semble qu'il aurait fallu beaucoup d'intelligence pour que nous prissions la mesure de ce qui est important et de ce qui l'est moins. Bien au contraire, c'est au moment où nous pouvons être déçu à jamais, que nous sommes les plus bêtes, les plus inconscients de la valeur d'un acte ou d'un cœur. Nous accumulons les voltes, les humeurs, les maladresses, comme si le seul but de notre conduite fût de nous rendre insupportables ou inaccessibles. Si nous avions mis dans notre sagesse incomplète un grain de simplicité ou de généreuse ferveur, nul doute que nous fussions parvenu à nous forger des amours, des amitiés durables. Mais aurions-nous appris tant de choses sur l'homme ? j'en doute.

La sagesse de Claire m'irritait un peu et aussi qu'elle eût réponse à tout. « Aimer, commençais-je à protester, c'est être soumis ». Je ne pouvais pas ne pas sentir que Claire me faisait peur. Au fond c'est peut-être cela l'Amour : une sorte de résistance désespérée, de terreur silencieuse à s'approcher de ce qu'on aime. Je regrettais mes belles rassurantes à qui je pouvais songer sans encombre, ces femmes dont on ne sait jamais ce qu'elles pensent, s'il leur arrive de penser. Claire, en tout propos, voulait avoir raison. Elle était incisive, tran-

How she loved music! And yet what I admired most in her was that she had not tastes but real passions.

I wondered whether Claire had ever been in love. 'She would like me to think so,' I told myself, 'but I doubt it, for she seems scarcely distraught, and less disillusioned than myself. Does she know what it means to search another's face to learn what fate it has decided for you, into what spheres you are to be flung and abandoned?'

*

At the start of life, in the first relations we may have with the world and other people, we surely need great intelligence to assess what is important and what is less so. On the contrary, it's at the very moment when we are liable to be disappointed for ever that we show the greatest stupidity, the least awareness of the value of actions or feelings. We accumulate sudden reversals of mood, fits of temper, tactless blunders, as if the sole aim of our behaviour were to make ourselves unbearable or inaccessible. If we had included in our incomplete wisdom a single grain of simplicity or generous warmth, we might without a doubt have succeeded in forging for ourselves enduring bonds of love and friendship. But should we have learnt as much about man? I doubt it.

Claire's wisdom irritated me a little, and also the fact that she had an answer for everything. 'Loving,' I began to protest, 'means submitting.' I could not help feeling that I was afraid of Claire. Perhaps, after all, that's what love is: a sort of desperate resistance, a silent dread of coming close to what one loves. I missed those reassuring loves of mine, of whom I could think undisturbed, those women whose thoughts one can never read, if they do have any thoughts. Claire, on every occasion, wanted to be in the right. She

chante, et son orgueil m'avait plu tant qu'il n'était pas allé
à l'encontre du mien. « Voyons, tu ne respectes rien – me
disais-je – et pas davantage cette femme que tu dois faire
faillir ». Faillir ? Je voulais surtout qu'elle perdît ce charme
qui m'enlevait à moi-même. Je commençais d'être las des
broderies verbales. Secrètement, mes relations avec Claire
tournaient au duel. Nous avions les mêmes talents et il
fallait que l'un prît le pas sur l'autre. A tort ou à raison, je
m'imaginais qu'elle voulait me dominer là où elle n'essayait
peut-être que de me rejoindre. Allais-je accepter plus longtemps d'être dupe et donner dans le panneau de l'exaltation ?
Je m'exagérais à dessein les défauts de Claire. Cette imper-
fection de son nez, ce rire un peu vulgaire. La méthode qui,
dans la plupart des cas, réussissait, ne servait qu'à m'avertir
de la profondeur de ma folie. Et pourtant, si tout était encore possible ? Mais non, il fallait que quelque chose se
dénouât. Après quoi, je serais soulagé de cette sourde menace
qui pesait sur moi, je devrais l'être. Un jour je m'aperçus
que Claire me regardait curieusement. « Allons – me dis-je –
que je couche avec elle et que ce soit fini ! » « Et si elle
m'aime ? » – « Cette seule certitude suffira à me détacher
d'elle ». – « Oui, c'est cela, qu'elle m'aime et, à l'instant,
mon âme sera guérie… »

Fidèle à mon inconstance, j'appelais tout à coup les orages.
Un fait curieux que, naïvement, nous appelons coïncidence,
me confirma dans ce désir de combattre Claire et de lui
dénier cet attachement qui commençait à m'effrayer.

*

Une nuit, nous fîmes des cauchemars parallèles que nous
nous racontâmes le lendemain matin. Dans mon rêve, je
marchais dans du foin, mon pied s'égarait dans un trou où

was incisive and peremptory, and her pride had delighted me so long as it had not clashed with mine. 'Come, you've no respect for anything,' I told myself, 'including the woman for whose fall you'll be responsible.' For her fall? I chiefly longed for her to lose that charm that dispossessed me of myself. I had begun to tire of verbal embroideries. Secretly, my relations with Claire were turning into a duel. We had the same gifts and it was imperative that one should get the better of the other. Rightly or wrongly, I imagined that she was seeking to dominate me, whereas she may merely have been trying to make contact. Was I to go on letting myself be duped and ensnared by excitement? I purposely exaggerated Claire's defects: the imperfect shape of her nose, her somewhat common laugh. This method, which worked in most cases, only served to warn me how deep was my infatuation. And yet, might not things still be possible? No, something would have to give way. After which I should be relieved of that secret threat that weighed on me; I had to be. One day I noticed that Claire was gazing at me curiously. 'Well,' I said to myself, 'let's sleep with her and have done with it!' 'And suppose she's in love with me?' 'The mere certainty of that will be enough to alienate me from her. Yes, that's it, let her fall in love with me and immediately my soul will be cured.'

Faithful to my inconstancy, I suddenly summoned storms. A curious incident, such as we naïvely call coincidence, strengthened me in that desire to fight against Claire and deny her the attachment which was beginning to frighten me.

*

One night we had parallel nightmares which we told one another next morning. In my dream I was walking through some hay, and my foot slipped into a hole where I *knew*

je *savais* que j'étais mordu par un serpent. Je mourais de cette morsure sans que personne y eût attaché foi. Je parlais sans entendre ma voix et me sentais glisser dans le vide au milieu de l'indifférence générale. Quant à Claire, après qu'un oiseau répugnant se fût abattu à ses pieds, elle errait sans fin dans un garage vide tandis qu'une voix lui parlait et qu'une autre chantonnait la *valse du toreador* de *Carmen*.

Je crus reconnaître dans ce morceau qui hantait la marche de Claire, un signe de ma présence, puisqu'elle n'ignorait pas que j'adorais l'Espagne dont nous avions discuté l'avant veille – moi avec passion. Bien plus remarquable, me semblait être le choix de cette musique, que nous avions en horreur l'un comme l'autre, pour accompagner une marche aussi éperdue. Il y avait là un phénomène terriblement *acide* qui ne m'échappait pas, si Claire s'interrogeait vainement à son sujet. Les paroles de cet air fameux me revenaient à la mémoire :

> « *L'amour est enfant de bohême*
> *Qui n'a jamais, jamais connu de lois*
> *Si tu ne m'aimes pas je t'aime*
> *Et si je t'aime prends garde à toi.* »

sur un ton à la fois grotesque et menaçant (je fis remarquer : une voix d'ogre) qui me faisait rire, mais rire avec une certaine angoisse. J'avais toujours analysé mes rêves et leur pouvoir de prévision. Cette fois-ci on m'accordera que je pouvais être assez inquiet.

D'autant plus inquiet, que le même soir, écoutant avec Claire – je m'en souviens si bien – le concerto pour violon de Beethoven, je m'aperçus qu'elle portait en bracelet l'exacte reproduction d'un serpent prêt à mordre. Je n'étais séparé de son visage que par la demi cloison qui partageait la pièce et ne voyais, de temps en temps, que son bras qui

that a serpent was biting me. This bite was killing me, although nobody would believe in it. I spoke without hearing my own voice and I felt myself slipping through empty space amidst general indifference. In Claire's case, after a horrible bird had swooped down at her feet, she wandered about endlessly in an empty garage while a voice spoke to her and another voice hummed the Toreador's Waltz from 'Carmen'.

It seemed to me that this piece of music that haunted Claire as she walked must be a symbol of my presence, since she knew that I adored Spain, about which we had been arguing a couple of days before – for my part passionately. More remarkable still seemed to me the choice of that tune, which we both loathed, to accompany such frantic wanderings. There was something terribly *acid* about this phenomenon which did not escape my notice, although Claire sought its explanation in vain. The words of the famous air recurred to my memory:

> *Love is a gipsy child*
> *Which has never known laws*
> *If you don't love me, I shall love you,*
> *And if I love you, beware!*

in a tone which was grotesque and threatening at the same time (I pointed out, an ogre's voice) which made me laugh, but with a certain anguish. I had always analysed my dreams and their power of foresight. This time, I was surely justified in feeling uneasy.

My uneasiness was increased by noticing, that very evening, as Claire and I were listening – how well I remember it – to the Beethoven violin concerto, that she was wearing a bracelet shaped exactly like a serpent about to strike. I could not see her face, which was hidden by the half-wall that divided the room, and only, from time to time, caught

s'abaissait vers le cendrier tout proche. A l'instant où le larghetto se brise dans la cadence du soliste qui va, tel un sauteur, s'élancer dans le rondo final, je tournai les yeux vers son poignet, aperçus le bijou et fus saisi au point d'en perdre le souffle. Mon rêve revivait en moi avec une singulière âpreté, rendue, en contraste, plus sinistre par l'impétueuse allégresse de la musique. Si nous avions parlé, j'eusse été incapable de terminer ma phrase ou de seulement dire un mot. Le mélodie, peu à peu, fit passer tout cela non sans quelque lyrisme intentionnel. Claire ne se douta de rien.

Dès lors, la menace qui me venait d'elle se fit plus précise et mon effroi plus impérieux. Ce sont les détails de cet ordre qui décident de tout. A moins que notre esprit, décidé à tenter quelque action dangereuse ne cherche, par des signes annonciateurs, à se justifier.

★

J'étais résolu à me débarrasser de Claire, et, pour cela à rendre nos relations sans équivoques. Mon dessein était de mener l'affaire rondement (j'étais sûr qu'elle accepterait) et avec un naturel qui démystifierait l'idée trop absolue que je m'étais faite d'elle. Je commençai à tout propos – et le plus souvent hors de propos – à jeter mon bras sur ses épaules. Je rendis mes regards insistants, mes monologues plats. Comme je l'avais prévu, Claire paraissait approuver mes manœuvres que je ne faisais rien pour rendre délicates. Je commençais à respirer mieux : nous descendions des hauteurs. Claire ne m'intriguait plus. Je la trouvais claire comme le jour, ou comme de l'eau de roche, suivant le mauvais goût du moment. Je me mis à la traiter avec un peu de cette désinvolture qui tient aux femmes la bride courte. Elle m'encourageait au point que je crus qu'elle se moquait de moi. Mais non. Elle devait me croire inconscient et j'avais bien garde de lui

sight of her arm as she lowered it towards the ash-tray close
to her. At the moment when the larghetto breaks into the
soloist's cadenza, before he springs forward like an athlete
into the final rondo, I glanced towards her wrist, caught
sight of the ornament and was so startled that I lost my
breath. My dream came to life again with a peculiar sharp-
ness, made more sinister, in contrast, by the impetuous joy-
fulness of the music. If we had spoken, I should have been
incapable of finishing my sentence or even of uttering a
word. The melody gradually carried it all away, not without a certain deliberate lyricism. Claire suspected nothing.

From that moment, the threat that seemed to come from
her grew more definite and my terror more urgent. Details
of this sort determine everything. Or else one's mind,
resolved to venture on some dangerous action, seeks to
justify itself by recognizing omens.

*

I had resolved to get rid of Claire, and with this end in
view to make our relationship unequivocal. My plan was to
speed up the affair (I felt sure she would be willing) and in
so natural a way as to strip all mystery from the too absolute idea I had formed of her. I started throwing my arm
about her shoulders whenever the occasion allowed, and
often when it did not. I would stare at her insistently, make
stupid speeches. As I had foreseen, Claire seemed to approve
of my manoeuvres, which I made no attempt to render
tactful. I began to breathe more freely: we were coming
down from the heights. Claire no longer puzzled me. I
found her as clear as daylight, or as spring-water, whichever
cliché appealed to me at the moment. I began to treat her in
that high-handed manner with which you can keep a woman under control. She encouraged me so much that I
thought she was making fun of me. Far from it: she must

dévoiler que je calculais jusqu'à mes sottises. « Cette fois-ci elle est bien de notre époque, me disais-je, peut-être ne veut-elle pas rater cette occasion d'être comme tout le monde ». J'étais fort joyeux comme chaque fois que je m'abandonne aux mensonges. La comédie me seyait à merveille. Mais, à la longue, même être bête devient fatigant.

*

Un soir, nous descendîmes sur la plage. Tout de suite, elle fut contre moi, un peu renversée, et si manifestement à prendre que je me retins, par malice, de trop vite l'embrasser. Je notais avec une satisfaction mêlée de tristesse que je restais terriblement de sang-froid. Rien de ce trouble, rien de cette incohérence dont le désir inonde l'âme.

« Voyons, la beauté de Claire n'est pas de celles où je trouve mon émotion. J'ai pour elle un intérêt vif et lucide qui est pour moi un merveilleux partenaire de travail intérieur. Mais comment désirer cette écorce fragile, vulnérable? »

Nous restions silencieux et la mer, sur le sable, respirait à notre place. Claire, trop semblable à moi, que ne pouvais-tu m'apparaître étrangère que j'eusse enfin le désir de te poursuivre! Elle frissonnait. Pour m'obliger à resserrer mon étreinte? « Allons – me dis-je – il n'y a qu'à démarrer, le reste viendra tout seul ». Malgré le ridicule évident de la situation et de mes pensées, je n'avais guère envie de sourire. Elle embrassait trop bien et cela me surprit. « Tiens, elle a donc tellement navigué? » J'eus une parole assez atroce : « Voilà où mène le désœuvrement »! J'attendais qu'elle eût un mouvement de retrait – mais non, rien. Pas la plus petite étincelle d'amour-propre. J'étais stupéfait. Déjà le charme sous lequel me tenait Claire commençait à se dissoudre. Je

have thought I was acting unconsciously, and I was careful
not to reveal to her that even my stupidities were calculated.
'This time she's being really up-to-date,' I thought, 'perhaps she doesn't want to miss this chance of being like everybody else.' I was in high spirits, as always happens when I
indulge in telling lies. Play-acting suited me wonderfully.
But in the long run one tires even of acting the fool.

*

One evening we went down to the beach. Immediately
she came close to me, leaning back against me a little, and
so obviously willing that I restrained myself, out of spite,
from kissing her too soon. I noted with satisfaction, mingled
with sadness, that I kept terribly detached. There was none
of that agitation, that incoherence with which desire floods
one's soul.

'Obviously, Claire's beauty is not the sort that arouses
my emotion. I feel a keen and lucid interest in her, which
provides a marvellous accompaniment to my mind's acti-
vity. But how can one feel desire for that outer shell, so frail
and vulnerable?'

We stood in silence, while the sea, against the sand,
breathed instead of us. Claire, too much like myself, why
could you not appear to me as a stranger, so that I might at
last long to pursue you? She was shivering; to force me to
tighten my embrace? 'Come on,' I said to myself, 'let's get
started, the rest will follow of its own accord.' In spite of
the obvious absurdity of the situation and of my thoughts,
I felt no wish to smile. Her kisses were too adept and this
surprised me. 'Why, so she's been around!' I said something
rather horrible: 'This is what comes from being at a loose
end!' I expected her to shrink back from me – nothing of
the sort, not the slightest spark of self-respect. I was astonished. Already the spell by which Claire had bound me

l'avais amenée sur un terrain où elle était forcée de me rendre des points. Elle ne résistait pas au vulgaire. Cherchant à prendre l'avantage sur elle, je cherchais, en fait, des raisons de la mépriser dans ce que j'avais jusque là proclamé naturel et sans histoire. Je m'accrochais au plus facile, au plus instinctif et y trouvais mon salut. Or, le salut, pour moi, était de n'être pas pris.

De ces deux impasses, désirer sans aimer et aimer sans désirer, je n'avais connu que la première. Avec le désir on s'arrange toujours. Mais avec l'estime? J'avais eu peur de ne pouvoir lui faire toucher terre. Pourtant il me fallait la *preuve* que cet amour ne pouvait être complet. Je l'avais, et j'en étais à la fois effrayé et joyeux. Je pris Claire avec tous les ménagements possibles, essayant de lui donner un plaisir que je sentais médiocre et sans portée. Quel pouvait être, en elle, le contrepoint de l'habitude et celui des souvenirs? Elle fermait les yeux. Pour penser à un autre que moi?

Comme elle paraissait un peu égarée, et que mon trouble était bien mince, une phrase rassurante me vint à l'esprit, une phrase rassurante et juste, que, la veille, j'avais relevée dans Rousseau : « Les sensations sont ce que le cœur les fait être. » « A présent, elle va m'aimer, me disais-je, cela est sûr. Si elle ne m'aime pas je fais, moi, le serment de l'aimer! » Triste jeunesse qui ne peut s'éprendre que de ce qui la refuse et la trahit!

*

Tout le temps que nous nous étions aimés, Claire était restée silencieuse, s'imaginant sans doute que mon plaisir n'eût point admis de commentaires. Nous avions les cheveux pleins de sable et le froid n'avait pas permis que nous nous déshabillions tout à fait. Mon bras était resté pris sous sa

was beginning to dissolve. I had brought her on to ground where I had the upper hand. She offered no resistance to vulgarity. Seeking to gain the advantage over her, I was in fact seeking for a pretext to despise her in something that I had hitherto declared to be natural and uncomplicated. I grasped at what was easiest and most instinctive, and found there my safety. Now safety, for me, lay in not getting caught.

Of the two impasses, desire without love and love without desire, I had known only the first. With desire, things always work out. But with esteem? I had been afraid of not being able to bring it down to earth. And yet I'd needed *proof* that this love could never be complete. I had it, and this made me feel both pleased and frightened. I made love to Claire with every sort of consideration, trying to satisfy her although I realized that her pleasure must be weak and limited. What counterpoint might habit and her memories supply? She kept her eyes closed: to think of someone other than myself?

As she seemed somewhat distraught, while my own excitement was very slight, a reassuring phrase came into my mind, a true and reassuring comment of Rousseau's I had noted the day before: 'Sensations are what the heart makes of them.' 'Now she will fall in love with me,' I told myself, 'that's certain. If she doesn't, then I vow I shall fall in love with her!' Pitiful youth, enamoured only of that which rejects and betrays it!

*

During all the time that we were making love, Claire had kept silence, imagining no doubt that my pleasure would admit no commentary. Our hair was full of sand and the cold had prevented us from undressing completely. My arm was pinned down behind her neck and I withdrew

nuque et je le dégageai un peu rudement. Claire chercha
mes yeux qui déjà se détournaient d'elle.

— Il s'agit de savoir si quelque chose meurt de cette soirée
ou si quelque chose y commence, dit-elle doucement.

Je ne répondis pas.

— De toute manière, je ne serai pas longue à comprendre.
Tu n'as qu'à jouer le rôle le plus voyant.

Claire gisait sur le sable, telle une statue tombée de son
socle, immobile et comme en attente de quelque verdict, le
visage détourné vers l'eau miroitante avec, dans tout son
corps, une expression de tristesse et d'indifférence. Je fis
semblant de ne pas voir sa main qui pendait, misérable, à la
recherche de la mienne.

Que pouvais-je lui dire? La vérité? Où sont-ils donc
ces mots que jamais nous ne dîmes de peur de les voir inécou-
tés ou incompris? Prisonniers, jusqu'au bout de notre rôle,
que ne pouvons-nous briser ce cercle, essayer d'atteindre
une vérité plus profonde! L'envie me vient parfois de
tourner bride et, en un éclair, de me démentir... Mais à
quoi bon?

« C'est d'une pureté nouvelle, pensais-je, d'une pureté
d'après l'acte, qu'il me faudrait découvrir le visage. D'où
vient que je refuse de croire à cette possibilité, et d'y apporter
ma confiance et ma peine? »

Le froid nous parut plus vif, car le vent plaquait contre
notre visage en sueur une frissonnante carapace. Séparés, à
deux mètres l'un de l'autre, nous remontâmes vers la route.
Je voyais s'effriter mon intérêt pour Claire, et à cause de
quoi? De la mauvaise habitude qu'ont les corps de se porter
l'un vers l'autre par ennui et désœuvrement.

— Tout est permis ; hélas! fis-je d'une voix pathétique et
amusée.

J'essayais de faire rentrer cette aventure dans le banal et
le désinvolte. Claire frissonna un peu plus fort, exactement —

it rather roughly. Claire's eyes sought mine, which were already turned away from her.

'I wonder whether this evening has killed something or started something,' she said softly.

I did not answer.

'In any case I shan't be slow to understand. You need only act in the most obvious way.'

Claire lay on the sand like a statue that has fallen from its pedestal, motionless and as though awaiting some verdict, her face turned towards the shimmering water and her whole body expressing sadness and indifference. I pretended not to see her hand, which hung there wretchedly, seeking mine.

What could I tell her? The truth? What has become of those words that we never spoke for fear of not being listened to, or being misunderstood? We are prisoners, till we have played out our parts; why can't we break the circle, try to attain a deeper truth? I sometimes feel a wish to reverse my course and, in a flash, to contradict myself . . . But what's the good?

'If only I could discover the image of a new purity,' I thought, 'a purity that comes *after action*. Why do I refuse to believe in the possibility of it, to trust it or strive for it?'

The cold felt sharper to us, for the wind laid a shivering carapace on our sweat-soaked faces. Separately, with two yards between us, we walked back towards the road. I felt my interest in Claire crumbling away, and on account of what? of the bad habit that bodies have of coming together, out of boredom and idleness.

'Anything's allowed, unfortunately,' I said with pathos and amusement in my voice.

I was trying to reduce the whole affair to something commonplace and casual. Claire shivered rather more

mais oui, exactement – comme fait le taureau sur qui l'insaisissable sauteur vient de piquer la dernière banderille.

– Rentrons, je sens des gouttes de pluie, murmura-t-elle très vite.

Mais le ciel était clair et, ce propos inexplicable. Un bref instant, il me sembla que j'avais pitié d'elle. Je vis l'abîme et bronchai. Désormais, tout était perdu.

*

Je me trouvais incohérent, et bien loin de maudire cette particularité de mon âge, je la bénissais au contraire de me rendre si libre et si heureux de l'être.

Au lieu d'aller me coucher, je redescendis sur la plage. La nuit était peuplée de prodiges et le bruit de la mer m'encerclait. Ma liberté faisait en moi une douleur et un chant, une mélodie douloureuse et insistante. Ivre, ivre de moi-même, je courus longtemps sur le sable, évitant par de brusques crochets les vagues belliqueuses. J'avais retrouvé mon absurde envie de vivre et de vivre sans égards, toute ma soif d'insolence, toutes mes rieuses passions. Claire, était-ce un prénom que je connusse ? Existait-il vraiment ? Et j'avais failli trébucher sur ce mensonge ! Ah ! je jure que nulle amertume ne me saisissait, que j'étais à ce moment au plus haut de ma joie et de ma franchise.

De retour à ma chambre, je passai par des états de grande exaltation. « Je ne la désire pas – me répétais-je en criant presque – je ne puis contraindre en moi la nature ni ne le veux, ni ne le voudrais. Tout aux êtres que je désire, même s'ils en sont indignes – et sans doute, à cause de leur indignité ! Le désir, le seul maître –si ce n'est pas le tuer que de le nommer ainsi – le seul maître que je m'assigne et me déclare prêt à servir !

Oui, tout aux êtres que je désire, même dans la cruauté et l'injustice. Charité ? Connais pas. Je ne connais que le plaisir

violently, exactly – yes, exactly – like the bull into whom the agile and elusive opponent has just thrust the last banderilla.

'Let's go in, I feel drops of rain,' she whispered very quickly.

But the sky was clear, and her remark inexplicable. For a brief moment I thought I felt sorry for her. I saw the abyss and flinched. From then onwards, everything was lost.

*

I was conscious of my own incoherence, and far from railing at this characteristic of my age, I felt thankful to it for enabling me to be so free and so glad to be free.

Instead of going to bed I went back to the beach. The night was thronged with wonders and the sound of the sea surrounded me. My freedom was an ache and a song within me, a painful insistent melody. Drunk, drunk with myself, I ran for a long time over the sand, making sudden swerves to avoid the aggressive waves. I had recovered my absurd longing to live and to live without respect for anyone, all my thirst for insolence, all my light-hearted passions. Was Claire the name of anyone I knew? Did it really exist? And I had nearly been tripped up by that illusion! Oh, I swear that I felt no bitter qualm, that I was at that moment at the peak of my joy and of my liberty.

Back in my room, I experienced states of extreme elation. 'I don't desire her!' I repeated, almost screaming, 'I can't force my own nature, I won't, and I don't want to. I belong wholly to those for whom I feel desire, even if they're unworthy of it – and no doubt because of their unworthiness! Desire, the only master – if to call it so does not kill it – the only master I assign myself and declare myself ready to serve!

'Yes, I belong wholly to those for whom I feel desire, even at the cost of cruelty and injustice. Charity? Never

qui est un jeu dangereux où l'on n'a pas de temps à perdre. D'ailleurs, je ne voudrais donner la charité qu'à qui j'estime ce qui, sans doute, n'irait pas loin… »

Je m'endormis enfin dans un tourbillon de phrases exclamatives.

*

Le lendemain, je fis tout pour me montrer insupportable. Je vis Claire pâlir, se forcer à l'indifférence, mais son incertitude m'aiguillonnait encore. Je ne jure pas que si je l'eusse vu insensible j'aurais eu le courage de persévérer. Mais je retrouvais mon serment et il me semblait que la chance m'eût donné à profusion la vertu d'oubli. Et puis enfin, je n'étais pas homme à me gêner pour une femme. Je me barricadais à toute hâte contre l'émotion croyant trouver ma force dans cette retraite ambiguë. Claire ne s'attendait pas à tant de brusquerie. Je restai odieux tout le jour, non sans délices.

*

Si je réfléchis aux journées qui suivirent, il me semble que l'inconscience m'a sauvé du désespoir. Je ne mesurai pas les faits qui me surprirent et, par là, échappai à leur emprise. La souffrance ne se présente pas comme notre imagination se plaît à la concevoir. C'est plutôt une sorte de sérénité ennuyeuse et d'isolement tel qu'il semble que les ponts soient coupés entre soi et la vie.

Le soir, je ne vis pas Claire. Je ne m'en inquiétai pas outre mesure. Il lui arrivait de partir seule pour de longues promenades qu'elle estimait essentielles à son équilibre « Toujours instable » avait-elle coutume d'ajouter en souriant. Je pensais que, comme les jours précédents, j'aurais pu être près d'elle, nourrissant cet élégant bavardage qui est le propre de

heard of it. I know only pleasure, which is a dangerous game in which there's no time to lose. Moreover, I should only want to show charity towards someone I esteemed, and that no doubt would not take me far. . . . '

I fell asleep at last amid a whirl of exclamatory phrases.

*

Next day I did all I could to appear unbearable. I saw Claire turn pale, force herself to show indifference, but her uncertainty spurred me on further. I can't swear that if she had seemed unmoved I should have had the courage to persevere. But I remembered my vow and it seemed to me that chance had granted me the virtue of forgetfulness in full measure. And after all I was not the sort of man to be upset about a woman. I hastily barricaded myself against emotion, thinking that my strength lay in this ambiguous retreat. Claire had not expected such brusque behaviour. I was horrible all that day, and I delighted in it.

*

When I think about the days that followed, it seems that unconsciousness saved me from despair. I did not assess the facts that took me by surprise, and thereby I escaped from their power. Suffering does not appear as one likes to imagine it. It is rather a sort of boring serenity and isola-tion, as if all bridges were cut between oneself and life.

That evening I did not see Claire. I didn't worry ex-cessively. She was apt to go off alone for long walks, which she considered essential to maintain her equilibrium, 'never very stable', she would add with a smile. I thought that I might have been by her side, as on previous days, fostering that rarefied conversation which is characteristic of a certain

l'amour, d'un certain amour. Comme je m'efforçais de ne
point penser à elle, je n'avais qu'elle, bien sûr, à qui penser.
« Elle croira que je manque d'amour pour elle, alors que
c'est l'amour qui manque en moi » répétais-je avec Fabrice[5].
Mais le plaisir d'être seul était à nouveau si grand qu'il
m'ôtait toute inquiétude. Pourquoi aurais-je été inquiet ? Je
me jouais la comédie que Claire était capable de la même
désinvolture et, soudain modeste, découvrais d'excellentes
raisons pour qu'elle ne tînt pas à moi. Bref, je passai une
soirée de collégien, maudissant les raffinements littéraires, et
plein d'une sauvagerie que je prenais pour le retour, au
galop, de mon naturel exilé. Je poursuivis une jeune effarée
de qui j'obtins quelques satisfactions. Des chansons se
bousculaient dans ma mémoire. J'envoyai Claire au diable,
et sa révolte, et son ennui.

*

Décidé à partir, je commençai joyeusement mes valises.
« Il n'y a qu'en voyage, pensais-je, où je parviens à être heureux ». J'avais hâte de sentir le mouvement du train comme
s'il dût me rendre plus libre, plus détaché, plus anonyme
encore. « N'être qu'un passager. Ne peser sur rien et ne rien
subir », m'écriais-je en moi-même. Je m'endormis dans le
plaisir que mon sommeil me rapprochât de mon départ.

Le lendemain, je reçus un mot de Claire, griffonné à la
hâte, m'annonçant qu'elle allait se suicider. Le ton en était
si banal que je haussai les épaules : *Ce poncif* ! Mais un de mes
camarades, accouru chez moi, me dit avoir reçu une lettre
de Claire pleine d'instructions fort précises pour quand elle
serait morte. Bouleversé, il m'accablait de questions :

– Mais enfin, que s'est-il passé ?

Je ne répondais pas, n'ayant point le goût d'inutiles mensonges. Au fond, je ne ressentais rien qu'un grand ennui
d'être dérangé. Il fallut sortir, vérifier, courir, rassembler

sort of love. As I endeavoured not to think about her, I had no one else, of course, to think about. 'She'll believe that I am lacking in love for her, whereas it is love itself that's lacking in me,' I kept saying, like Fabrice. But the joy of being alone was once again so great that it took away all anxiety. Why should I have been anxious? I pretended to myself that Claire was capable of the same casualness and, with sudden modesty, discovered excellent reasons why she should not be fond of me. In short I spent a schoolboy evening, inveighing against all literary subtleties and full of a wildness which I took for my natural self returning, double-quick, from banishment. I chased a coy girl, from whom I got some favours. Songs mingled confusedly in my memory. I consigned Claire to the devil with her rebelliousness and her ennui.

*

Having decided to leave, I began my packing joyfully. 'Only on a journey can I be really happy,' I thought. I was eager to feel the motion of the train, as if it would make me feel even freer, more detached and more anonymous. 'To be nothing but a passenger. To weigh on nothing, to endure nothing,' I cried out within myself. I fell asleep rejoicing that sleep would bring me nearer to my departure.

Next morning I had a note from Claire, hastily scribbled, announcing that she was going to commit suicide. The tone of it was so ordinary that I shrugged my shoulders: 'That old story!' But one of my friends hurriedly came to tell me that he had had a letter from Claire, full of precise instructions for after her death. Appalled, he showered questions on me: 'But what really did happen?'

I did not answer, having no liking for useless lies. My only reaction, really, was great resentment at being disturbed. We had to set off, make inquiries, race about, arouse anxie-

des inquiétudes. Nul n'avait vu Claire depuis la veille et tout indiquait qu'elle n'avait point passé la nuit à son hôtel. Nous partîmes à sa recherche. Personne ne disait mot de peur d'être obligé, plus tard, de le démentir. J'étais de fort mauvaise humeur et, me trouvant monstrueux, reprochais à Claire de n'avoir donné aucun renseignement sur le lieu de son suicide. Car je ne doutais plus maintenant qu'elle ne se fût tuée. Elle n'était pas de taille à jouer avec le sérieux.

Insensible et glacé, je songeais que toute autre disparition m'eût affecté davantage que celle de Claire. C'était comme si elle n'existât plus pour moi, comme si elle fût sortie de mon émotion et de ma vie. Avant même qu'elle mourût elle était déjà pour moi un fantôme. Aussi prompt à s'enflammer qu'à se dédire, l'amour ou du moins l'intérêt passionné que je porte à certains êtres, s'est toujours mué en une indifférence absolue comme si l'oubli prenait enfin son ultime revanche sur la passion.

A consulter les regards, je m'aperçus qu'on prenait mon silence pour un abîme de douleur. Cela me parut bien touchant.

*

Nous ne retrouvâmes son corps que tard dans la soirée. Elle avait choisi ce même endroit que je lui avais indiqué au cours de nos promenades. Sans en avoir l'air, je finis par y mener notre groupe de chercheurs. Le calcaire avait bu le sang de son visage et mettait autour de lui un décor de songe. Il y avait dans ce spectacle quelque chose de fascinant qui venait de ce tapis de blancheur où la mort opérait. La marée était basse et l'on pouvait voir, au delà de la frange des falaises, le paysage incohérent des rochers couverts d'algues. La lune brillait sur cet ensemble silencieux et, bien que nous nous y refusions, nous faisait prendre plaisir à notre angoisse.

ties. Nobody had seen Claire since the day before, and every-thing pointed to her not having spent the night at her hotel. We went off to look for her. Nobody said a word for fear of having to take it back later. I was in a very bad temper, and, thinking myself a monster, blamed Claire for having given no indication as to where she meant to kill herself. For I no longer had any doubt about her suicide. She was not the sort to play with serious matters.

Ice-cold and devoid of feeling, I reflected that anyone else's disappearance would have affected me more than Claire's. It was as if she no longer existed for me, as if she had gone right out of my emotions and my life. Even be-fore her death she had already become a ghost for me. As quick to flare up as to withdraw, the love or at least the passionate interest I feel towards certain beings has always changed into absolute indifference, as if forgetfulness were taking its final revenge on passion.

To judge by the others' glances, my silence was being mistaken for the depths of grief. I found this extremely touching.

✼

We did not find her body till late that evening. She had chosen the very spot I had pointed out to her during our walks. Without seeming to, I eventually led the search-party to it. The chalky soil had drained the blood from her face and made a dreamlike background for it. There was something fascinating in the sight, due to that carpet of whiteness where death was at work. The tide was low and we could see, beyond the fringe of cliffs, the incoherent landscape of seaweed-covered rocks. The moon shone over the silent scene and, against our will, made us take pleasure in our anguish.

Le cortège s'organisa. En moi un démon souriait de cette ultime tragédie montée avec la précision du mélodrame. Non, aucun effet n'avait été omis. L'ombre de Claire m'obligeait à juger ce tableau dérisoire. Voulait-elle m'obliger aussi à ce mouvement instinctif d'affection ou de révolte que, d'ailleurs, je n'eus pas? Elle eût voulu sans doute que je rentrasse dans le groupe anonyme de l'affolement et que je perdisse enfin ce sourire de mort que j'avais mis à lui plaire. Je me refusais aux réponses trop simples. Après tout, Claire n'en était plus aux clichés du sentiment. De cet acte qui pesait depuis longtemps sur elle, j'avais peut-être été l'occasion, sûrement pas le prétexte. Et pourtant par ce dernier geste qui était pour elle comme pour moi la suprême tentation, j'étais sûr qu'elle me voulait défier dans mon assurance de joueur, de même que je la défiais, morte, de mon insensibilité. C'était encore à qui troublerait l'autre. Je me rappelais ses paroles : « Nous sommes tous des condamnés à mort, à quoi bon cette tendresse? La vie est tout juste assez courte pour que nous y fassions nos adieux… »

« Elle a brusqué le départ, pensais-je, à la manière de ces voyageurs qui ont peur de s'attendrir. C'était notre angoisse quotidienne de pressentir en l'autre une cause d'attachement. Nous ne pouvions aimer que dans la victoire, non dans l'harmonie. L'orgueil, lui aussi, a ses martyrs ».

*

Au grand scandale de tous, je partis le lendemain matin. « Cette précipitation qui ressemble à une fuite… » entendis-je murmurer. Au diable les convenances! Claire n'eût-elle pas approuvé que je m'y montrasse rebelle fût-ce contre sa mémoire? Je me plaisais à l'imaginer et ressuscitais ainsi une complicité désormais inoffensive, où j'avais la gouverne de tout.

The procession was formed. Within me, some demon was smiling at this final tragedy, staged with the precision of a melodrama: no single effect was missing. Claire's ghost impelled me to pass contemptuous judgement on the scene. Did she also want to impel me to that instinctive movement of affection or revolt which, in fact, I did not feel? She would doubtless have wanted me to be absorbed into the anonymous and panic-stricken group and to lose, at last, that deathly smile that I had worn when seeking to please her. I rejected over-simple answers. After all, Claire had been past the stage of emotional clichés. I had perhaps provided the occasion, but surely not the pretext, for this act which had been weighing on her for a long while. And yet, by this final gesture which had been for her, as for myself, the supreme temptation, I was sure that she wanted to defy me in my gambler's self-confidence, just as I defied her, dead, by my indifference. We were still trying to disturb one another. I remembered her words: 'We are all condemned to death, what's the use of this tenderness? Life's just short enough to say good-bye in. . . .'

'She hurried on her departure,' I thought, 'like those travellers who are afraid of showing emotion. For each of us, the apprehension of attachment to the other was a daily source of anguish. We could each love only as a victor, not in harmony. Pride, too, has its martyrs.'

*

Scandalizing everyone, I went off next morning. 'Such haste, as if he were running away. . . .' I heard people mutter. To hell with convention! Would not Claire have approved of my rebelling, even against her own memory? I liked to imagine this, and thus revived a complicity which was now harmless, and in which I had control of everything.

« C'est cela, une merveilleuse amie contre le monde » me rassurais-je, oubliant ce que j'avais mis de passion à la fuir. Je lui pardonnais presque d'avoir failli me capturer. Vaincue, je voulais garder d'elle un souvenir qui m'interdît au quelconque remords. Je m'armais contre le temps et qu'importait que j'y fusse de mauvaise foi ? Il ne s'agissait que de vivre.

Le train dévorait un pays d'étangs et de futaies qu'un pâle soleil semblait tirer de quelque rêve. J'étais calme, réconcilié avec moi-même, heureux sans doute.

« Il y a la jeunesse dangereuse et puis l'autre – me disais-je – quelles qu'aient pu être ses défaites et ses imperfections, je sais bien que la première seule exigeait qu'on la vécût. »

'That's it, a marvellous friend against the whole world,' I reassured myself, forgetting how passionately I had sought to escape her. I almost forgave her for nearly capturing me. Now that she was defeated, I wanted to keep a memory of her which would protect me from the slightest remorse. I armed myself against time, and what did it matter if I was being insincere? My only concern was to live.

The train tore through a landscape of ponds and woods, which the pale sunlight seemed to have conjured up out of a dream. I was calm, reconciled with myself, and probably happy.

'There's youth that's dangerous, and the other sort,' I said to myself, 'and for all its defeats and its imperfections, I know for certain that only the first kind really had to be lived.'

NOTES ON FRENCH TEXTS

THE BEACH (*Robbe-Grillet*)

1. A predicament familiar to the translator when very different words in the original can only properly be translated by the same word in English: *le large*: 'the open sea'; *ouverte*: 'open'; *la mer libre*: 'the open sea'.
2. *Exécuté comme sur place*: 'almost as if [they are] marking time': the phrase has been placed at the end in order to balance the sentence in English.
3. *Ourlet*: literally, 'hem' or 'rim'.

THE SEVEN-LEAGUE BOOTS (*Aymé*)

1. *Reine Hortense*: Queen of Holland, 1806–10.
2. *Eau de Javel*: a type of disinfectant bleach commonly used in France.
3. *Berthe au grand pied*: mother of Charlemagne.
4. *Reine Pomaré* (IV): Queen of Tahiti, 1827–77.
5. *Traité de Campo-Formio*: treaty signed in Italy in 1797, between France and Austria.
6. *Isabeau de Bavière*: Isabel of Bavaria (1370–1435), married Charles VI of France. Her daughter Katherine married England's Henry V.
7. *La maréchale d'Ancre*: title of a historical drama by Alfred de Vigny.

THE FASHIONABLE TIGER (*Ferry*)

1. Literally, 'the thread of fear between the teeth like a sharp current of low voltage'.
2. Literally, 'Never, never.'

THE OFFENSIVE (*Thomas*)

1. *Patte*: literally, 'paw'. Most frequently used to mean 'hand' (Hands off!), although the meaning 'foot' here is quite clear.
2. *Bidon*: literally (as a military term), 'water bottle'.

3. *S'efforçait* and *conjecturait* have both been translated in the word 'strained' to avoid having a clumsy sentence in English.
4. *Casser la gueule*: literally, 'to bash [someone's] face'.
5. *Fil*: a word-play which does not work in English. *Fil* can mean both 'thread', or more straightforwardly in this context, 'cable'. Translating it by the latter word of course ruins the figurative sense of 'hanging by a thread' in English.
6. *Une bête*: literally, 'animal' or 'insect'. Probably, in this context some kind of parasite.

CUCKOLDED, HANGED AND HAPPY (*Jouhandeau*)

1. *Toutes les sentines, tous les bas-fonds*: literally, 'all the sinks [of iniquity], all the lowest places'. *Sentine* is a nautical term, meaning 'bilge', or 'well' (of a ship).

THE TROJAN HORSE (*Queneau*)

Raymond Queneau is noted for his linguistic experiments and innovations. Readers who would like to know more about his theories should consult his *Batons, chiffres et lettres*. Even his use of *argot* (slang) is unconventional, in that he is always seeking to get closer to everyday speech.

1. *Vache*: slang meaning here 'very big' or 'enormous'.
2. *Tient*: from the verb *tenir*, in this case meaning 'full up', 'full to capacity' (of liquor).
3. *Dégueulasse*: slang for 'disgusting', 'sickening', 'revolting'.
4. *Se casser la gueule*: see note 4 to *The Offensive*.
5. *Radin*: slang for 'mean'.
6. *Quelle barbe*: slang meaning 'what a nuisance'.
7. This phrase has been separated from the main sentence in order to clarify the simile.
8. *Il nous les casse*: slang meaning 'to get on someone's nerves'.
9. *Chsuis de Troie*: slurred speech, reproduced phonetically.
10. *Tabarin*: a night-club; the word suggests the period of the 1920s.
11. *Crevé*: from *crever*, literally 'to burst', familiar meaning 'to die' ('had it'), hence the translation here as 'carcass'.
12. *Vacherie*: slang meaning here 'disagreeable' or 'nasty'.

THE LITTLE SQUARE (*Gascar*)

1. *A contre-courant* means 'against the stream'.
2. *Attiser*: literally, 'to poke, stir up'.

3. *Taie*: literally, 'albugo', a disease of the eye in which a white opaque spot forms on the cornea.
4. *Champs clos*: 'lists' (for judicial combat).
5. *Fer*: although the reader would mentally supply 'red-hot', its insertion here makes the sentence read better.
6. *Chef-lieu*: the main town of a *département*.

THE CHALLENGE (*Sollers*)

1. Allusion to the 'poètes maudits' of the nineteenth century: Baudelaire, etc.
2. Literally, 'to limp'.
3. French proverb: *Il faut qu'une porte soit ouverte ou fermée*, 'A door must be either open or shut'; used by Musset as the title for one of his *Comédies et Proverbes*.
4. Allusion to Donne's sonnet 'Batter my heart . . .'.
5. Hero of Stendhal's *La Chartreuse de Parme*.